Anna MANCINI

DERECHO DE AUTOR

Nuevas tecnologías, cambios legales y más cultura para todos

BUENOS BOOKS AMERICA

Traductor: Pedro BORRERO: pmbh@hotmail.com

Ediciones: BUENOS BOOKS AMERICA
E-mail: info@buenosbooks.us
Website: http://www.Buenosbooks.us

Paperback version ISBN 13: 978-1-932848-28-1

Libro electrónico:
ISBN 13: 978-1-932848-22-9

Library of Congress Control Number: 2006927910

Título en Inglés: Copyright Law is Obsolete
Título en Francés: L'obsolescence du droit d'auteur et de sa philosophie, Buenos Books International, Paris, www.buenosbooks.fr

Aviso: Por favor, no fotocopie este libro
Compre su versión electrónica en nuestro sitio de Internet, económica, más práctica que las fotocopias y más respetuosa del autor.
http://www.buenosbooks.us

Agradezco profundamente a:

- Pedro BORRERO, por su apreciada traducción del libro.

- El Centro Francés del Libro (Centre National du Livre).

ÍNDICE

INTRODUCCIÓN

El Internet, los libros electrónicos, la impresión por pedido y las tecnologías de Administración de Derechos Digitales están cambiando profundamente la economía del Mercado de los libros. Por primera vez en la historia de la humanidad, hemos logrado una tecnología que podría hacer que los libros sean accesibles para todos, sea como archivos digitales o como libros tangibles. Efectivamente, cuando estén suficientemente difundidas, las tecnologías de impresión por demanda,[1] nos permitirán materializar donde queramos libros hasta entonces digitales. Ya no tendremos que soportar la pesadez y limitaciones que conlleva el mundo material. Será mucho más fácil, poner libros en circulación como archivos digitales e imprimirlos cuando queramos, a petición de cada lector, que transportar y mantener en inventario libros impresos. El mercado emergente de libros virtuales es muy diferente del mercado de libros tradicional. Las leyes de la economía del mercado virtual son contrarias a las leyes de la economía del mercado material a las cuales estamos acostumbrados y que han dado forma a nuestros sistemas legales.

En la primera parte de este libro, observaremos los cambios que están ocurriendo al mercado del libro. Hablaremos acerca de las opciones que tiene la sociedad y en general nuestra civilización, para el uso adecuado o no de las nuevas tecnologías de comunicación. Reflexionaremos acerca de la posible restricción al flujo libre de ideas que podría resultar por el uso contrario a su vocación de las tecnologías de comunicación. En la segunda parte de este libro, explicaremos por qué ciertos conceptos legales, como el de propiedad intelectual, o la idea tradicional de justicia no se han adaptado al nuevo mercado emergente del libro. Después propondremos otras soluciones. Finalmente, presentaremos algunas guías para modernizar la ley de derechos de autor y así ayudar a que el emergente mercado del libro virtual se encamine hacia la creación de una civilización marcada por la libertad de expresión y abundancia de información para todos, con el más alto respeto a los derechos de autor.

PRIMERA PARTE

LOS RÁPIDOS CAMBIOS DEL MERCADO DEL LIBRO EN CONTRAPOSICIÓN AL ESTANCAMIENTO DE LA LEY

CAPÍTULO 1

Una filosofía de la ley ajena a la realidad

La globalización, involucrada por el desarrollo tecnológico, está cambiando profundamente el mundo editorial. Las leyes de derechos de autor no siguen la velocidad de estos cambios. Los cambios que regularmente han sido propuestos en las leyes sobre derechos de autor, a nivel local o internacional, no son proporcionales a los cambios que están teniendo lugar en el mercado del libro. Esto se debe principalmente a que los gobiernos y los legisladores están abrumados por los problemas inmediatos, como para resolver y tratar de encontrar soluciones para cada nuevo caso, con los grupos de presión encima y sin tiempo para hacer aproximaciones filosóficas. A nivel mundial, los cambios legales se limitan a remendar las leyes de derechos de autor existentes. Sin embargo, los profundos cambios que están sucediendo en la industria editorial, necesitan una aproximación filosófica más profunda para permitir la actualización eficiente de la ley de derechos de autor y ayudar a tomar colectivamente las decisiones correctas. Ciertamente, en el corto plazo, gracias a la tecnología, la humanidad podría tener por primera vez en la historia, la opción de elegir un mundo con una casi libre circulación mundial de libros o lo contrario: el control total de esta circulación por parte de aquellos países o entidades privadas que cuenten con la tecnología más sofisticada. Por lo tanto, si las nuevas tecnologías están siendo utilizadas para fomentar el flujo libre de ideas y el progreso del conocimiento, todos los países deberían realizar acuerdos internacionales inspirados en objetivos culturales a largo plazo. A largo plazo, lo que ahora está en juego con la ley de derechos de autor, será poco comparado con lo que nos espera. Es por esto que necesitamos realizar una reflexión filosófica profunda sobre este tema, que no se limite a los problemas temporales del mercado del libro. Además, probablemente la mejor manera de solucionar los problemas actuales, es tomar cierta distancia para pensar en la totalidad del problema. En el pasado, los filósofos han inspirado eficientemente a los gobiernos en el campo de la ley de derechos de autor. Por ejemplo, KANT tuvo una fuerte influencia en la ley alemana de derechos de autor. Con respecto a la ley francesa, fueron los filósofos y escritores los que inspiraron la ley de derechos de autor inventada en tiempos de la Revolución. Esta ley estuvo tan bien concebida que ha sido eficiente durante 160 años sin cambios significativos. Hoy en día, debido a su complejidad, la filosofía de estas leyes las ha convertido en una actividad reservada para los juristas especialistas. Dado este hecho, los filósofos ya no discuten asuntos legales especializados. Por lo tanto, ya no podemos depender de los filósofos para adaptar estas leyes a los veloces cambios que ocurren en el mundo moderno. Por cierto, desde el siglo XIX ellos se han confinado a sí mismos dentro de los límites impuestos por el positivismo legal. En Francia, por ejemplo, el positivismo legal se ha convertido en la "religión" legal dominante y los herejes son simplemente excluidos de las universidades, de la investigación, de las editoriales académicas y de las revistas académicas. De acuerdo a esta filosofía, se supone que los juristas se limitarían a sí mismos al conocimiento de la ley y a determinar su aplicación en determinado problema legal especifico. Ese es el trabajo de los juristas.

En otras palabras, siguiendo esta filosofía, un jurista no está autorizado para observar el mundo real, para pensar acerca de qué es la justicia y peor aún, a ser creativo. Un jurista debería conocer solamente la ley positiva y aplicarla de la mejor manera posible. Debido a esta filosofía, no es sorprendente que la mayoría del tiempo, los pensadores legales se contenten con la interpretación de la ley existente y de los precedentes, sin la observación cuidadosa de las nuevas realidades del mercado del libro. Actuando así, son incapaces de proponer las innovaciones que la extensión de los cambios que están ocurriendo en el mundo editorial, hacen necesarios. En Europa, los legisladores tienden a ceñirse a la ley existente sin un conocimiento sólido del mercado del libro. En América, algunos pensadores legales tienen un mejor conocimiento del mercado pero se quedan estancados en él por falta de aproximación filosófica. En Francia, los puntos claves de los reportes oficiales sobre las leyes de los derechos de autor, provocan preguntas "positivistas" que cuestionan las leyes positivas y su idoneidad ante las nuevas situaciones. Hasta el punto en que uno se pregunta asombrado si los profetas ¡también revelaron las leyes del estado!

Por ejemplo, podemos leer en un reporte titulado "Le droit d'auteur et l'Internet" (La ley de derechos de autor y el Internet):

> "El propósito de este reporte es el de analizar las consecuencias que estos nuevos medios de comunicación (= Internet) tienen sobre la ley de derechos de autor, realizar un inventario sobre el respeto a estas leyes y delimitar los derechos en el campo de las nuevas tecnologías en comunicación."[2]

Es interesante citar este reporte para ilustrar la manera en que los legisladores positivistas modernos tienden a pensar acerca de los nuevos problemas:

> "De hecho, pareciera que en el ambiente digital, los fuertes principios de los derechos de autor y los alcances de estos derechos, exigen más unas pequeñas adaptaciones que un giro total."[3]

Y el reporte llega a la siguiente conclusión:

> "Sin duda, la ley de derechos de autor existente, es aplicable al Internet…"[4]

Hasta ahora, en el campo de la filosofía del derecho no existen estudios más profundos que se basen en la observación del funcionamiento de los mercados emergentes del libro virtual y global. Debido a esta falta, los gobiernos europeos permanecen fuertemente influenciados por el enfoque positivista de la ley, lo que generalmente los lleva a este tipo de conclusión:

> "Finalmente, la aplicación de la ley de derechos de autor no es imposible. Pero en la práctica, se encuentran muchas dificultades. Los componentes tradicionales de las leyes de derechos de autor se voltean al revés... incluso la escogencia sobre cuál ley es la aplicable no es fácil. Pero existen leyes para responder a todas las preguntas previamente planteadas."[5]

Después de haber estudiado la literatura especializada, hemos llegado a la conclusión de que no hay vacíos legales para resolver los cuestionamientos originados por las nuevas tecnologías en el campo de los derechos de autor. En cambio, el vacío es filosófico y se debe principalmente a la obsolescencia del positivismo legal tradicional.

En estos tiempos de rápidos cambios tecnológicos, el positivismo legal significa una falta de filosofía legislativa. Sin un pensamiento filosófico, los legisladores no podrán seguir ayudando a crear la ley e inspirar a los gobiernos a resolver mejor los problemas prácticos sin precedentes. El positivismo legal implica que los juristas siempre miran las leyes antiguas para resolver los nuevos problemas legales. Pero, el progreso tecnológico en los aparatos de comunicación, ha creado una brecha sin precedentes entre el mundo económico, que era la base para el positivismo legal y la nueva economía virtual creada por el Internet. El mundo económico en el cual nació el positivismo legal fue marcado por el materialismo y la estabilidad. Este contexto permitió la práctica eficaz del positivismo legal, pues limitaba la necesidad de innovaciones legales. Las leyes de la economía virtual son totalmente opuestas a las leyes del mundo económico que dio lugar al positivismo legal. A partir de este hecho, dicha filosofía es inútil en este nuevo contexto, nos tenemos que liberar de ella y adoptar un enfoque diferente del problema de los derechos de autor, en este mercado emergente del libro virtual.

Primero, en vez de mirar a las leyes existentes para ver si son aplicables a los nuevos problemas, vamos a revisar las realidades del mercado del libro actual. Con este propósito, estudiaremos la historia del libro desde la antigüedad hasta nuestros días para poder definir lo que realmente es un libro. Entonces, observaremos las transformaciones que están ocurriendo en el mercado del libro, el incremento en su virtualización y su globalización. Para entender mejor estas transformaciones, tomaremos como ejemplo dos naciones ficticias que han adoptado enfoques opuestos respecto a la virtualización del mercado del libro. A través de estos ejemplos, estudiaremos las consecuencias de estas dos posibilidades de utilizar las nuevas tecnologías de comunicación y el Internet.

CAPÍTULO 2

La evolución del concepto de libro desde la antigüedad hasta ahora

1: El libro como sustituto de la voz

Los estudios acerca de la historia del libro generalmente hablan de los cambios físicos de los libros a través del tiempo, desde los papiros hasta el moderno libro electrónico. Haciéndolo, se olvidan de que la "forma" de los primeros libros era verbal. Los libros acerca de la historia de los libros, olvidan mencionar la larga tradición de la transmisión verbal del conocimiento y el hecho de que la palabra hablada precede a la palabra escrita. De hecho, los primeros libros eran considerados como sustitutos de la palabra hablada. O sea que, poco o ningún espacio se dedica en estos estudios al "libro intangible", esto es, al libro totalmente intangible que circula entre la gente sin la ayuda de otros objetos aparte de sus propios cuerpos. El discurso como tal y los pensamientos son las raíces de todos los libros existentes que han servido únicamente como el medio para materializarlos. Los pensamientos que la humanidad intercambia gracias a la palabra hablada, existen antes que los libros tangibles. Todas las formas existentes de los libros, han sido únicamente los medios para materializar estos pensamientos, inicialmente transmitidos a través del habla. Sin la escritura, los comienzos de la humanidad fueron marcados por la tradición de la transmisión verbal del conocimiento. Mucha gente primitiva consideraba que el lenguaje hablado era una cosa viviente que mediante la circulación entre la gente, también hacía circular la energía de la vida. Este acercamiento a la palabra hablada puede ser visto en los trabajos de Platón, donde Sócrates compara un discurso con una semilla, que es más eficiente que el discurso escrito, y Fedro lo quiere confirmar:

> "Fedro: ¿Usted quiere decir que la palabra viviente del conocimiento, que tiene un alma y que cuya palabra escrita es propiamente nada más que una imagen? »
>
> "SÓC.: Así es, en efecto, querido Fedro. Pero mucho más excelente es ocuparse con seriedad de esas cosas, cuando alguien, haciendo uso de la dialéctica y buscando un alma adecuada, planta y siembra palabras con fundamento, capaces de ayudarse a sí mismas y a

quienes las planta, y que no son estériles, sino portadoras de simientes de las que surgen otras palabras que, en otros caracteres, son canales por donde se transmite, en todo tiempo, esa semilla inmortal, que da felicidad al que la posee en el grado más alto posible para el hombre. "[6]

En cuanto a los antiguos egipcios, estudios acerca de Maat, la diosa de la justicia, muestran que ellos consideraban que la palabra hablada era energía solar recibida por el corazón, transformada por el cuerpo humano y emitida por la lengua. (En otras palabras a través del habla).[7] En los sistemas legales antiguos, se suponía que la palabra hablada establecía vínculos legales entre la gente y sus obligaciones legales. Sabemos por ejemplo, que en la antigua ley romana, los términos legales debían pronunciarse en forma precisa ante los pontífices que impartían justicia. Si no ocurría así, el proceso legal era declarado nulo.[8]

Al contrario de la gente primitiva, el hombre moderno le da mayor importancia a los textos escritos que a la palabra hablada. Frente a un tribunal, una prueba escrita tiene mayor valor que una promesa verbal. Toda nuestra tradición legislativa está marcada por la supremacía de las leyes escritas. De la misma manera, toda nuestra tradición cultural está marcada primordialmente por la escritura y por el incremento en la importancia que han tomado los libros como un objeto independiente de su autor.

La civilización de la escritura ha permitido separar al autor de sus pensamientos a través de la materialización de sus ideas. Lo cual no era posible en la tradición verbal. Al materializarlo, el pensamiento se ha convertido en un objeto que puede tener dueño. Sin embargo, la transición entre la tradición verbal del conocimiento a su transmisión escrita, no ha sido sencilla. Por ejemplo, Sócrates era reacio y daba un mayor valor a la comunicación verbal que a un libro escrito. De acuerdo a él, la escritura no estaba en total capacidad de transmitir el mensaje del autor. Podemos leer esto en el Fedro de Platón:

> "Porque es que es impresionante, Fedro, lo que pasa con la escritura, y por lo que tanto se parece a la pintura. En efecto, sus vástagos están ante nosotros como si tuvieran vida; pero, si se les pregunta algo, responden con el más altivo de los silencios. Lo mismo pasa con las palabras. Podrías llegar a creer como si lo que dicen fueran pensándolo; pero si alguien pregunta, queriendo aprender de lo que dicen, apuntan siempre y únicamente a una y la misma cosa. Pero, eso sí, con que una vez algo haya sido puesto por escrito, las palabras ruedan por doquier, igual

> entre los entendidos que como entre aquellos a los que no les importa en absoluto, sin saber distinguir a quiénes conviene hablar y a quiénes no. Y si son maltratadas o vituperadas injustamente, necesitan siempre la ayuda del padre, ya que ellas solas no son capaces de defenderse ni de ayudarse a sí mismas."[9]

La transición entre el "libro hablado" y el libro escrito ocurrió muy despacio. Por mucho tiempo, los libros escritos fueron considerados simplemente como un sustituto imperfecto de la voz humana. La gente continuaba leyéndolos en voz alta porque la voz parecía ser más importante para ellos que las palabras escritas. La lectura silenciosa de los libros tuvo lugar poco a poco e involucro la disminución de la tradición verbal del conocimiento. En este punto de la historia, los lectores ya podían acceder directamente al conocimiento sin la intermediación del autor. A pesar de todo el progreso logrado, a menudo se alegaba sobre la imperfección de los libros comparados con el habla humana. Para los primeros lectores, los libros eran sobre todo mensajes y no objetos tangibles.

2: El libro como mensaje, como un medio para comunicar ideas

SAN AGUSTÍN[10] destacaba el hecho de que los libros permitían comunicarse con personas ausentes, mientras que el historiador griego Diodoro, creía que la escritura permitía la comunicación entre los vivos y los muertos y entre personas en diferentes localidades.[11] En el siglo XVIII, Emmanuel KANT escribió:

> "Un libro es un escrito que contiene un discurso de alguien dirigiéndose al público, mediante signos visibles del habla. Es indiferente para las presentes consideraciones si este es escrito a mano, en una imprenta, o si tiene pocas o muchas páginas. Aquél quien habla a nombre propio al público es el autor. Aquel que presenta lo escrito al público es el editor."[12]

Él notó claramente la diferencia entre el libro como un objeto y el mensaje que contiene. Sin embargo, tan temprano como en el siglo XVIII, el aspecto tangible del libro ya prevalecía sobre su lado intangible. Esto se debía principalmente a razones económicas como veremos más adelante.

3: El libro tangible como objeto de propiedad

Durante el transcurso de la historia, el alto precio de los libros impresos y su escasez, hacía que el aspecto tangible prevaleciera sobre su lado intangible. Entonces el libro era considerado sobre todo como un objeto para tener, un objeto sobre el que se tenía un derecho de propiedad. Sabemos que en el siglo XII, una copia de la Biblia podía llegar a tener el mismo valor que una casa de ciudad[13] y que en el año 1374 el Rey Eduardo III de Inglaterra pagó el precio de tres casas en Londres por un sólo libro.[14] A partir del año 1450, cuando GUTENBERG inventó la imprenta, el precio de los libros ha tenido un significativo descenso y el número de copias se ha multiplicado. Esto incrementó enormemente el número de lectores que podían darse el lujo de ser propietarios de libros.

Hoy en día, a pesar de la todavía mayor reducción del precio de los libros y de la abundancia de libros impresos en el mercado, los libros todavía son percibidos como objetos. Esto es particularmente notorio en el campo legislativo. Todas las leyes de derechos de autor a nivel mundial se enfocan en el aspecto tangible de los libros, mientras que en el emergente mercado del libro virtual, su aspecto intangible, vuelve a salir a escena. En el mercado virtual los libros han recobrado su naturaleza intangible, lo que vuelve obsoletos a muchos aspectos de las actuales leyes sobre derechos de autor.

En otras palabras, en el mercado del libro virtual, el libro, transmitido a través del Internet como un archivo digital, ya no es un objeto tangible que nosotros podamos manipular física, filosófica y legalmente.

En el campo legal, esto significa que el libro digital ya no puede ser clasificado dentro de las categorías usuales en las cuales se clasificaban los libros tangibles. Esto lo estudiaremos con mayor profundidad en la segunda parte de este libro. Por ahora, determinaremos cuáles son las mayores diferencias entre el mercado tradicional del libro y el mercado del libro virtual.

CAPÍTULO 3

Las principales diferencias entre el mercado tradicional del libro y el mercado del libro virtual

En un estudio anterior acerca del Internet, analizábamos en detalle las diferencias entre el mundo tradicional (sin Internet) y el mundo virtual del Internet.[15] Las mismas observaciones se aplican para diferenciar entre el mercado del libro impreso y el mercado del libro digital (esto es, hablando del mercado de libros digitales transmitidos mundialmente a través del Internet). Por ahora no entraremos a hacer análisis detallados. Estas diferencias aparecerán en forma más clara cuando analicemos el ejemplo de las dos naciones ficticias opuestas en su enfoque respecto al mercado del libro virtual. Una de estas dos naciones utilizaría el potencial de la edición virtual para así acelerar el flujo de información; mientras que la otra, tratara desesperadamente de continuar de la manera antigua, a pesar de las posibilidades que ofrecen las nuevas tecnologías en comunicación. Mediante estos dos ejemplos, explicaremos el funcionamiento de las tecnologías de impresión por demanda y veremos cómo en conjunción con el Internet, están cambiando radicalmente el modelo de negocios del mercado del libro.

1: Las restricciones del lado tangible del mercado del libro y sus consecuencias legales, económicas y culturales

En el mercado tradicional del libro, la presencia física del libro involucra consecuencias legales y prácticas que ya no existen en la industria editorial del libro virtual. En el campo legal, por ejemplo, el concepto de propiedad naturalmente se aplica a cosas tangibles, entre ellas a los libros como objetos, a pesar de que los libros son sólo la materialización de pensamientos intangibles. Un libro, como objeto tangible puede ser localizado espacialmente. Sabemos donde fue hecho y podemos seguir su trayectoria desde la editorial hasta el lector. Siendo el concepto de territorialidad el fundamento de todos los sistemas legales modernos, el hecho único de poder localizar un libro-objeto, conlleva varias consecuencias legales y fiscales. El componente territorial del mercado del libro impreso, permite a los estados ejercer control sobre las ideas que fluyen dentro de sus territorios. Es decir que, tan pronto las ideas se materializan en libros tangibles, estas pueden ser fácilmente controladas. De esta manera, en el mercado tradicional del libro existen muchas limitaciones al flujo libre de ideas dentro de las naciones debido a razones políticas, económicas y culturales. De la misma manera, las leyes económicas relacionadas con los bienes materiales (derechos de aduana, tarifas de transporte, inventarios) vuelven lento el flujo de ideas a nivel doméstico e internacional. Debido a todas estas restricciones relacionadas con el aspecto tangible de los libros, muchos autores se ven excluidos del mercado de los libros. Efectivamente, este mercado no puede publicar a todos los autores por razones que hoy día son puramente económicas. O la publicación no es rentable porque no llega a una audiencia suficientemente grande, o no puede entrar a alguno de los canales de distribución usuales. Debido al riesgo financiero que implica la presencia física de los libros, las compañías editoriales pueden publicar solamente a aquellos autores financieramente interesantes. Mientras que la censura en la industria editorial, anteriormente era solamente de carácter político, hoy en día se ha convertido principalmente en económica. Esta "censura económica" elimina del mercado todos los libros que no sean rentables. Las hogueras de la inquisición, han sido reemplazadas por las leyes del mercado, combinadas con algunas medidas de censura disfrazadas que aún existen, incluso en los países más liberales. Actualmente, la mayoría de las veces, los libros no comerciales son publicados por fuera del mercado, por universidades, organizaciones sin animo de lucro y centros de investigación, generalmente subsidiados por los gobiernos. Debido a las restricciones financieras de las editoriales tradicionales, la selección de títulos ofrecidos hoy día en el circuito comercial, tiende a ser cada vez menor. En las editoriales virtuales esta lógica es a la inversa.

2: Publicación virtual: un mercado liberado del criterio territorial y de sus consecuencias legales

Al contrario de los libros impresos, cuya presencia física vuelve lenta su circulación, los libros digitales están libres de todos los obstáculos vinculados a la materialidad: costos de producción y distribución extremadamente bajos, comparados con los libros impresos, ningún costo de inventarios y no existen las limitaciones de espacio.

Gracias al Internet, los libros digitales pueden viajar mundialmente, libres de todo vínculo territorial. Este hecho, agregado a la intangibilidad de los libros virtuales, vuelve inaplicables al mercado virtual, muchos de los conceptos legales basados en la territorialidad. De hecho, estos conceptos legales tradicionales, fueron creados para libros como objetos circulando en mercados basados en la territorialidad, pero no para libros intangibles circulando mundialmente.

El mercado editorial virtual muestra la inutilidad del criterio territorial y sin embargo este criterio es aún el fundamento de todos los sistemas legales modernos y sus filosofías. Los conceptos más comunes, tales como: propiedad (inventada para objetos tangibles), robo (implicando la presencia física del objeto robado y la utilidad de devolverlo a su legitimo dueño) y la incautación por infracción (que supone la existencia de objetos que puedan ser incautados) no pueden ser aplicados dentro del contexto del mercado editorial virtual. A su vez, la censura ya no puede depender de las facilidades que ofrece el aspecto tangible de los libros. Y la censura económica, que hoy en día es el tipo más drástico de censura, ya no tiene razón de existir para el mercado del libro virtual, donde cuesta muy poco publicar un libro y distribuirlo a nivel mundial. La publicación digital ha ampliado la oferta al público. La gente hace su propia selección en vez de estar limitada a la drástica selección que las editoriales tradicionales tienen que hacer. El número de títulos disponibles en el mercado del libro virtual se ha multiplicado y el precio para obtenerlos puede ser considerablemente reducido. Lo que constituye *per se,* una aceleración del flujo de la circulación de los pensamientos. Mientras que el mercado editorial tradicional tiende a estar basado en la territorialidad, la editorial virtual está libre de territorios y fronteras. Gracias a su intangibilidad, el libro digital viaja por todo el mundo en unos pocos segundos y el sistema automático de pago seguro permite venderlo en todas partes, donde la gente pueda leer el lenguaje en el cual fue escrito. Esta velocidad puede parecer aterradora para algunas personas en el mercado del libro. Por eso es fácil entender que ellos, para sentirse más seguros, prefieran tratar de reproducir para el mercado del libro digital, el modelo de negocios al que están acostumbrados. Mediante dos ejemplos ficticios, veremos por un lado, cuál seria el resultado de ceder a la tentación de reproducir los viejos hábitos del mercado tradicional del libro en el mercado del libro digital. Por el otro lado, nos imaginaremos todo el potencial ofrecido por la aplicación de la lógica específica del mercado del libro virtual y el hecho cómo puede acelerar la circulación de la información.

CAPÍTULO 4

Escasez de información o abundancia de información: alternativas permitidas por el progreso tecnológico

Aquí tomaremos el ejemplo de los estados ficticios de dos países distintos, que han adoptado enfoques opuestos al mercado emergente del libro virtual. El primero es el país de la información abundante, que ha obtenido grandes beneficios de las posibilidades ofrecidas por el Internet, la digitalización de libros y de las tecnologías de la publicación por demanda. El segundo estado lo hemos llamado el país de la información escasa, donde el estado y la industria del libro han tratado de reproducir para el mercado del libro virtual, los viejos patrones del mercado del libro impreso.

1: La elección de la abundancia de información

En el país que ha escogido la abundancia de información, la ley ayuda a promover la circulación de libros y a eliminar cualquier tipo de censura. Todos los autores pueden ser publicados y las versiones digitales de sus libros son muy baratas. El estado ha calculado que no es interesante imponer impuestos a las ventas de libros digitales, porque el equipo tecnológico para hacerlo sería muy costoso e implicaría un control inconstitucional sobre la gente. Es más, este estado ha notado que el incremento en la circulación de libros digitales ha creado mayor riqueza en el mercado económico tangible. Y para este mercado el estado sabe cómo imponer impuestos y es mucho más fácil hacerlo sobre algo que puede controlar, como el mercado tangible. Consecuentemente, este estado ha decidido liberar totalmente de la carga impositiva y de las leyes de impuestos a la totalidad del mercado editorial virtual. En este país, todos los recursos públicos que pudieron ser destinados a los aparatos tecnológicos para controlar a los ciudadanos y luchar contra la evasión de impuestos, se han usado para promover tecnologías que faciliten las ventas y ofrecer una selección más amplia de libros al menor precio. Dado el extremadamente bajo precio de los libros digitales, se han establecido sistemas de pago que no involucran la identificación del comprador, como las tarjetas prepago y otros medios para preservar el anonimato de los compradores y evitar pagar la alta comisión que exigen los bancos por transacciones a través del Internet. En este país, los dueños de los trabajos registrados han entendido muy bien que cuentan con los lectores para que sus derechos de autor sean respetados. En lugar de invertir mucho dinero asegurando sus libros mediante procesos costosos que terminarán siendo quebrantados, han optado por vender sus libros digitales (ligeramente asegurados) a precios extraordinariamente bajos. Y hacen campañas regulares para fomentar en los lectores el respeto a los derechos de autor, ya que es la única manera de mantener bajos los precios de los libros digitales y la abundancia cultural para todos. En pocas palabras, en este país, la gente ya no tiene interés en piratear libros o en facilitar dicha piratería, porque el precio para comprar un libro legal es ridículo comparado con los riesgos que implica infringir la ley. Mientras que en otros países las empresas de tecnología informática están ocupadas investigando las maneras de proteger los archivos digitales de modo que no sean violados fácilmente, en este país, las empresas de tecnología informática prefieren utilizar su tiempo y recursos en inventar soluciones para hacer que los libros digitales sean más atractivos. En el país de la abundante información, las tecnologías de impresión por demanda ya están bien difundidas. Este país es un paraíso, (incluso un paraíso fiscal) para autores a nivel mundial, que pueden ser publicados aquí, en su idioma original o en el lenguaje internacional y ser distribuidos a través de los canales de los libros casi que instantáneamente en el mercado doméstico y mundial. En este país las ideas fluyen más rápido que nunca. La aceleración en la circulación de las ideas ha impulsado todas las otras ramas de la economía y ha creado mucho empleo calificado. El incremento en el flujo de ideas ha dado lugar a la abundancia cultural y a una alta estimulación intelectual. Todo esto ha creado una avalancha de prosperidad económica. En este país no hay libros electrónicos gratis (salvo algunas excepciones), pero tampoco hay libros electrónicos caros (salvo algunas excepciones). Casi todos los libros están disponibles a precios irrisorios. La principal consecuencia es que ya los lectores no van a las librerías, porque o no pueden o no quieren comprar libros costosos, pero van allí por que les gusta. La mayoría de las veces, por el valor del transporte para ir a la librería más cercana, se puede comprar uno o varios libros electrónicos y sin quedar atrapado en el tráfico. Paradójicamente, en este país, las bibliotecas tienen muchísimos libros impresos a pesar de que ya no tienen que comprarlos. De hecho, las editoriales les dan libros impresos gratis a cambio de que mencionen en sus catálogos la existencia de la versión electrónica de estos libros y del enlace en Internet para comprarlos directamente. El presupuesto de las bibliotecas se utiliza exclusivamente en otras cosas, pero no para comprar libros. Algunas bibliotecas actúan como vendedoras de libros virtuales y también ofrecen libros impresos por demanda. Estos servicios no son gratis, mientras que el acceso a los libros impresos en las estanterías es completamente gratis para todos. En este país, las bibliotecas juegan un importante papel en la animación cultural y ayudando a localizar recursos intelectuales alrededor del mundo. Igualmente, su objetivo principal es el de actuar como guardianes de la memoria colectiva de la humanidad. De hecho, en el país de la información abundante se ha decidido que las bibliotecas conformarán una red para hacerse cargo del almacenamiento de las versiones impresas de los libros, en caso de que existan problemas eléctricos o acciones terroristas que nos priven de nuestra memoria colectiva, volviéndola no disponible al ser borrados repentinamente todos los archivos electrónicos, o por la imposibilidad de acceder a ellos. Es más, los bibliotecarios creen que es mejor almacenar libros impresos que "almacenar" copias de libros electrónicos, ya que esto libera a las bibliotecas de las limitantes que generan los cambios tecnológicos, cuando se tienen "almacenados" libros electrónicos desde mucho tiempo atrás. Las bibliotecas también actúan como delegados que ofrecen libros a gente y a países pobres que ni siquiera pueden pagar los bajos precios de los libros electrónicos, o que todavía no tienen acceso a la tecnología para obtenerlos. Uno de los papeles principales de las bibliotecas consiste en establecer contactos para mantener catálogos de libros electrónicos a nivel mundial. En estos catálogos todos los libros disponibles están registrados y ni los autores o las editoriales tienen que pagar por ello. Para asegurar que ningún conocimiento sea censurado, el derecho para que todos los trabajos estén registrados en estos catálogos, está protegido por la ley. Este se ha convertido en un derecho constitucional muy importante. Ciertamente, esta protección legal es importante para el estado, ya que ha aprendido la lección del pasado, cuando le resultaba muy fácil a algunas entidades bloquear el avance de la ciencia, la cultura y la tecnología, sin quien las controlara. En este acogedor y generoso país de la información abundante, los libros se publican en todos los idiomas y las leyes de derechos de autor se han modernizado para acompañar dichos cambios. Los autores sólo tienen que hacer un depósito legal virtual de sus trabajos para poder estar identificados y registrados en las bases de datos de libros disponibles. Los canales de distribución de los libros en el país de la información abundante son tanto domésticos como mundiales. Ellos buscan información acerca de libros electrónicos por todo el mundo y en todos los idiomas, que puedan ser descargados e impresos por demanda, donde sea que los lectores quieran. Dentro de este país, todas las prácticas de mercado están encaminadas a ayudar a incrementar la circulación de los libros. Por ejemplo, en este país, los cartuchos de tinta para impresora son excepcionalmente baratos, mientras que en otros países, su costo no anima a los lectores –que no gustan de leer en aparatos electrónicos- a comprar libros electrónicos, ya que una vez impresos, podrían costar aún más que los libros que venden ya impresos. En este país, los comerciantes de aparatos de impresión, en vez de invertir en aparatos que impiden recargar los cartuchos de tinta, han decidido invertir en tecnologías de impresión por demanda y vender libros por demanda. En el país de la abundante información, la gente puede comprar libros casi en cualquier lugar y no sólo en las librerías. Por ejemplo, en el salón de belleza, donde antes sólo se encontraban disponibles revistas de farándula y moda, ahora los clientes pueden acceder a una biblioteca virtual y tener el libro de su preferencia impreso por pedido o descargándolo a su lector electrónico de libros digitales. El hecho de que en el país de la abundante información, el mercado está abierto para todos los autores nacionales o extranjeros, ha estimulado muchos aspectos de la vida cultural. La innovación ha sido fomentada en todos los campos, gracias a las nuevas ideas que llegan del extranjero y por la eliminación de censuras disfrazadas que aun existían principalmente en las universidades y en centros de investigación. La prosperidad creada por la expansión del mercado del libro virtual, ha permitido la creación de muchos nuevos centros de investigación, colegios y universidades, creando a su vez empleo para más investigadores. En estos centros de investigación, varios equipos han trabajado en el entendimiento del proceso creativo del cerebro, en una atmósfera de libertad intelectual. Se han hecho descubrimientos fundamentales y a los inventores del país les han otorgado un número increíblemente alto de patentes en todos los campos importantes de la investigación. Y finalmente, el estado está extremadamente satisfecho con su política de exención de impuestos al mercado de libros virtuales. Tal política ha permitido que el mercado del libro virtual despegue, generando en otros campos económicos mayores ingresos por impuestos de los que el estado podría haber esperado de un mercado del libro virtual pobre, obstaculizado por impuestos estatales, tarifas bancarias y mucho más... Gracias a estas políticas, las regalías que todos los autores reciban, están exentas de impuestos ya que pueden deducir de sus ingresos los gastos en que incurran para poder poner su trabajo a disposición del mercado del libro. En este país ya no hay necesidad de subsidiar los libros no comerciales, porque es tan barato publicarlos que todo el mundo puede expresar nuevas ideas, incluso para nichos específicos del mercado. Además, el mercado del libro se ha convertido en el más prospero del país, debido también a que muchos otros países han adoptado la política de escasez. Obviamente, se necesitó tiempo para lograr todos estos buenos resultados, así como fue necesario el cambio de mentalidad de los lectores para que ellos tomaran responsabilidad respetando los derechos de autor en su propio interés. También se necesitó tiempo para suprimir todas las clases de censura aparente o enmascarada que aún existían en este país tan liberal. De tiempo en tiempo, el país de la abundante información tiene que enfrentar algunas crisis: Un enorme apagón eléctrico que hizo que el país imaginara otras estrategias energéticas. Ataques terroristas a las tecnologías informáticas que llevaron al país a la descentralización e interconexión a cambio de la concentración. Todos los centros de investigación fueron llamados a desarrollar nuevas estrategias para hallar las mejores soluciones a todos estos problemas. Y por último, estas políticas del país de la información abundante han permitido un progreso humano, económico y social sin precedentes. Este progreso es de tal extensión que ahora hay una enorme brecha intelectual, social y económica entre el país de la abundante información y el país de la escasez de información, que está lejos de haber conocido tal evolución. Mientras tanto, ¿que está pasando por allá?

2: La opción de la escasez de información

En el país de la escasez de información, la decisión de adoptar una política de escasez es tomada principalmente porque es ventajosa para algunos agentes económicos. Estos creen que no existe ningún interés en cambiar el modelo de negocios del mercado del libro. Consecuentemente, ellos tratan de reproducir para el mercado virtual, todas las condiciones que en el mercado tradicional del libro han hecho posible su poder para controlar dicho mercado, el flujo de ideas y la entrada de nuevos competidores. Estos agentes económicos tienen el soporte del estado, quien al igual que ellos tiene interés en controlar el flujo de los libros digitales. El estado quiere imponer impuestos a los libros electrónicos y utiliza todos los medios disponibles para controlar su flujo y cobrarles impuestos automáticamente. Esto dentro del contexto de una pesada atmósfera burocrática. De hecho, en este país el flujo de libros electrónicos está considerablemente frenado por obstáculos materiales, administrativos y psicológicos. En este país las tecnologías de impresión por pedido no permiten, al contrario que en el país de información abundante, publicar muchos nuevos autores.

Esto se debe a dos razones principales: una relacionada con las leyes de impuestos, la otra por la política de escasez de información. Al contrario que en el país de la información abundante, el cual es un paraíso fiscal para los autores, en el país de la escasez de información, la ley de impuestos para pequeños negocios es absolutamente disuasiva, considerando como pequeñas empresas a todos los autores publicados y autopublicados. Es más, los autores autopublicados deben pagar altos impuestos, así pierdan dinero en su empresa. Debido a este sistema impositivo disuasivo, en este país establecer una pequeña empresa editorial para vender libros electrónicos o utilizar tecnologías para imprimir por demanda, sigue siendo una actividad riesgosa. (En el país de la información abundante, todo el mundo puede hacerlo sin casi correr riesgos). Sin embargo, a pesar de la carga de impuestos de este sistema, nuevas compañías editoriales se crean gracias a las tecnologías de impresión por demanda. Desafortunadamente, ellas tienen la idea de sacar ventaja del desequilibrio entre la oferta (muchos autores) y la demanda (numero limitado de libros a los que se les permite entrar al mercado) para realizar acuerdos obviamente desequilibrados con los nuevos autores y continuar excluyendo a muchos otros. Finalmente, en este país, en vez de contribuir a abrir el mercado a muchos nuevos autores, las tecnologías de impresión por demanda han hecho que las condiciones para muchos autores sean peores que antes, cuando han invertido dinero para publicar sus libros, pero no pueden entrar a los canales de distribución reservados para las editoriales tradicionales. (Mientras que en el país de la información abundante estos canales están abiertos para todos). En el país de la escasez de información, una base de datos nacional centralizada sobre los libros disponibles para la venta, está bajo el poder de la industria del libro y no permiten el registro de trabajos publicados con tecnologías de impresión por demanda o de aquellos autopublicados. (Mientras en el país de la información abundante, todos los libros están registrados en las bases de datos comerciales, con las listas de libros disponibles para la venta). En otras palabras, en el país de la escasez de información, a pesar del progreso tecnológico, el registro de nuevos libros en las bases de datos profesionales, está reservado, como en el pasado, sólo para los editores tradicionales que usan impresión offset y almacenan grandes cantidades de libros impresos. Además de ser excluidos del registro en los catálogos de la industria del libro, los libros publicados o autopublicados gracias a las tecnologías de impresión por demanda, son también rechazados por la Biblioteca Nacional, que está a cargo del depósito legal de libros. Debido a esta situación, para las librerías y para los lectores, es como si los libros impresos por demanda, no existieran. En el país de la escasez de información, a pesar del progreso en las tecnologías de telecomunicaciones, las ideas no circulan fácilmente. Los libros impresos por demanda y los libros electrónicos existen en los márgenes del mercado y el progreso tecnológico casi no tiene impacto sobre la industria del libro. Las editoriales continúan haciendo lo de antes: Publican una gama angosta de libros comerciales y algunos no comerciales subsidiados por el estado. La censura del mercado es tan dura con los autores, como la censura de las universidades. Y la elite investigadora, obstaculiza la publicación de muchos autores innovadores. En el país de la escasez, el precio de los libros, incluso de los libros electrónicos es anormalmente alto. Lo cual lleva a altos niveles de piratería de libros con derechos de autor, por aquellos que no están de acuerdo con el sistema. El mercado de libros digitales no despega y la piratería es alta a pesar de las tecnologías DRM (Administración Digital de derechos de autor) y que las leyes criminales supuestamente deberían impedir. En este país, como las bibliotecas públicas son pobres en libros y ya no son gratis, los “mercado negro” de libros electrónicos y de libros de segunda mano están floreciendo, mientras que la industria editorial tradicional invierte grandes sumas de dinero para combatir infructuosamente contra la piratería y la violación de las leyes de derechos de autor. Por otro lado, la forma en que la tecnología se usa para controlar a la gente, ha puesta al propio estado en peligro. De hecho, es posible que los piratas informáticos o hackers, puedan tomar el control de la gente ¡suplantando al estado! Y esto lleva al estado al círculo vicioso de cada vez más control sobre la gente. La seguridad de la tecnología es la preocupación principal del país de la escasez. Allí, se utilizan grandes presupuestos en asegurar los medios tecnológicos utilizados para controlar a la ciudadanía y cobrar impuestos a las compras por Internet. A pesar de la pesada atmósfera, el *statu quo* se mantiene temporalmente, y la industria del libro no afronta mayores problemas. La gente continúa comprando los costosos libros comerciales, porque no tienen otra alternativa. Sin embargo, a pesar de su pobreza, las bibliotecas permanecen llenas de gente que no quieren o no pueden pagar el alto precio de los libros. La industria del libro ha presionado al gobierno para que imponga una ley en contra del libre préstamo de libros en las bibliotecas, pero los lectores han encontrado formas de esquivar esta ley.

A pesar de todo, el país de la escasez puede continuar con esta política porque el mercado doméstico todavía está cautivo, ya que la gente en este país no lee en otros idiomas y los demás países generalmente no publican en su idioma, y cuando lo hacen no pueden entrar al bien resguardado mercado local del libro. Pero con el transcurso del tiempo, la situación está cambiando muy rápidamente en detrimento del país de la escasez. Primero, la industria del libro está pagando las consecuencias por la creación de su política de escasez artificial. Mientras tanto, muchos de los autores rechazados por el mercado tradicional del libro, han sido publicados en el país de la información abundante, sin haber salido de su propio país. Estos autores son muchos, ya que en el país de la escasez la conjunción entre el desempleo y los altos niveles de educación llevan a la gente a escribir muchos libros. Con los subsidios de desempleo que el estado paga a la gente, pensar y escribir es la afición más productiva. En este país hay una multitud de autores rechazados por la industria del libro a quienes el país de la información abundante les da la bienvenida. Gracias a las tecnologías de impresión por demanda y al Internet, ahora publica a todos los autores, en todos los idiomas y en el lenguaje internacional y los distribuye mundialmente. Gracias al progreso tecnológico, el país de la información abundante ya no necesita entrar al país de la escasez de información para invadir su mercado del libro. Además, los ciudadanos del país de la escasez de información están aprendiendo a leer en el idioma internacional, ya que los libros en este lenguaje son más baratos, la selección es más amplia y pueden conseguir libros más polémicos en muchos campos, que normalmente no se pueden conseguir en su propio país. Finalmente el país de la escasez de información pierde todas las posibilidades de controlar la circulación de los libros impresos en su propio territorio, debido a la red de aparatos para impresión por demanda que ahora existe dentro de su propio territorio y a la imposibilidad de controlar el flujo de ideas a través del Internet. Toda la riqueza creada por su propia gente se ha desviado para beneficio del país de la información abundante. El mercado del libro del país de la escasez de información, no puede competir ni en su propio lenguaje contra la producción extranjera, la cual es más barata, más diversa y mucho más interesante. Al no aprovechar las nuevas tecnologías de comunicación, el país de la escasez, ha tenido un retroceso intelectual y tecnológico considerable. Además, todos los hackers de este país, han ayudado al país de la información abundante a invadir culturalmente su propio país. Lo más preocupante es la brecha que se ha abierto entre los dos países en muy corto tiempo. Ahora el país de la escasez se ha convertido en un país subdesarrollado comparado con el país de la información abundante. Gradualmente el país ha perdido a sus escritores, diseñadores, ingenieros de sistemas, artistas, traductores e investigadores que no han podido encontrar trabajo en su propio país, o que prefirieron la atmósfera más estimulante del país de la información abundante. Dentro de los autores excluidos por el mercado del libro comercial y por la elite del mercado del libro subsidiado, se encuentra la gente más original e interesante. Todas sus aptitudes, que no han servido en su país, han sido bien aprovechadas en el país de la información abundante. Gracias a este flujo de nuevas ideas, la brecha entre los dos países se ha vuelto definitiva: el número de patentes otorgado por el país de la información abundante se ha multiplicado. El país de la escasez de información, publica cada año un número ridículo de libros "nuevos" comparados al enorme número de libros publicados por el país de la información abundante. En el país de la información abundante, se han creado muchas universidades, centros de investigación e institutos, que ahora atraen estudiantes e investigadores de todos los demás países. El país de la información abundante ha hecho innumerables progresos en muchos campos, gracias a la ventaja por la desviación del flujo de ideas que eran inútiles en otros países. El país de la información abundante es el líder en todos los campos del conocimiento humano y tiene poder sin par para decidir el futuro intelectual de la humanidad y para manejar su herencia cultural.

Los dos ejemplos que hemos tomado son obviamente ficticios y exagerados, pero podemos aprender de ellos varias lecciones.

CAPÍTULO 5

Lecciones que podemos aprender de estos ejemplos y otras observaciones sobre la transformación de la industria editorial

1: La opción de la escasez de información es un callejón sin salida para todos

El mundo virtual y el mundo físico no obedecen las mismas reglas de funcionamiento. Si en el mundo físico, optar por la escasez de información pueda parecer benéfica, es lo opuesto en un contexto virtual, donde esta opción lleva a un callejón sin salida. Debido al modo especifico en que la economía virtual trabaja, la creación artificial de escasez, muy pronto se vuelve en detrimento de aquellos que han tomado esta opción. En un libro anterior sobre el Derecho de Internet, hemos dado el ejemplo de la Minitel francesa[16] (la primera red de interconexión francesa), para demostrar que el abuso de la tecnología moderna para crear una escasez artificial de información, es económica, técnica y socialmente dañina.

En el caso de la Minitel francesa, un control centralizado de la red, les permitía utilizar esta tecnología contrariando su vocación, que realmente era democratizar el acceso a la información. Con la utilización abusiva de la Minitel, al crear una escasez de información, Francia echó a perder la ventaja tecnológica y social que esta red le hubiera dado, pues en ese momento, la Minitel estaba a la vanguardia en tecnología. La utilización abusiva de la Minitel, no favoreció su desarrollo tecnológico. Rápidamente se volvió obsoleta y pronto fue superada por el Internet. Hoy en día, la tecnología DRM (Administración Digital de derechos de autor), tiende a ser utilizada por los dueños de derechos de autor para mantener relativamente altos los precios de los libros electrónicos y un mayor control sobre el uso que los lectores hacen de ellos. De ahí que no es sorprendente que el mercado de libros electrónicos no despegue. En vez de eso, ellos deberían aprovechar las oportunidades ofrecidas por la tecnología para crear abundancia para todos, con libros electrónicos a precios tan bajos como sea posible y con la máxima libertad de uso para todos los lectores. Al utilizar la tecnología de esta manera, se aceleraría la circulación de ideas y de libros, sean estos digitales, impresos por demanda o tradicionales. La abundancia de información que se esperaba del progreso tecnológico, no ha ocurrido aún. Por el contrario, la observación del mercado del libro muestra que la industria editorial tiende a reproducir los modelos de distribución del mercado del libro impreso en el mercado del libro virtual. Es por ello que encontramos en el mercado virtual: vendedores mayoristas, distribuidores, librerías y demás. Algunos mayoristas de libros electrónicos han logrado manejar enormes bases de datos de libros electrónicos, lo que ha sido posible gracias al alto precio de las tecnologías DRM y que muchas editoriales no pueden costear. En este caso, los editores han logrado un acuerdo de distribución con el mayorista y el mayorista ha dado licencia a librerías virtuales el derecho de vender los libros electrónicos. Generalmente, los editores pequeños no pueden ni siquiera ¡comprar el derecho de vender sus propios libros, así estén protegidos! El descuento comercial para el mayorista de libros electrónicos, es generalmente el mismo que el de los libros impresos tradicionales. (Hasta un 55%). La mayoría de las veces, debido al costo prohibitivo de las tecnologías DRM, y por el pequeño numero de libros electrónicos que se espera vender, los editores no pueden pagar los programas DRM y por lo tanto no pueden vender sus libros electrónicos en el actual estado del mercado del libro.

El altísimo costo de las tecnologías DRM, y la necesidad de proteger los archivos digitales, hizo necesario crear la transposición artificial al mercado virtual de los modelos de negocios del libro impreso. En otras palabras, el avance tecnológico que ha podido ser utilizado para liberar el flujo de libros electrónicos y deshacerse del modelo del mercado tradicional (que es útil para los libros como objetos, pero inútil para los electrónicos) fue utilizado para hacer lo contrario. El resultado es que el mercado del libro electrónico no despega y nadie se beneficia del avance tecnológico, ya que los lectores continúan comprando libros impresos ¡casi que a la manera antigua! El mercado del libro electrónico nunca despegará si estos continúan siendo costosos. Por ahora, sólo podrán seguir siendo costosos debido a los descuentos comerciales que se están pagando, como en el modelo de mercado tradicional, por las tarifas bancarias de las transacciones por Internet y en algunos países, por los impuestos a las ventas, o impuesto al valor agregado (VAT) ¡del 19.60%

en Francia! Por todas estas razones los libros electrónicos no pueden venderse a micro-precios y su mercado no despega. Así mismo, ni la industria del libro, ni los lectores se beneficiaron de la abundancia de información que pudo haber sido posible mediante la utilización más apropiada de las nuevas tecnologías en comunicación y una actitud más generosa por parte de los estados y de la industria del libro. En cambio, esta tecnología ha sido usada para crear escasez: libros electrónicos costosos, que dejan poca libertad de uso para el lector final, programas DRM prohibitivos para muchos editores y en algunos países, codiciosos impuestos a las ventas que son casi ¡cuatro veces más altos que el de los libros impresos!

2: La globalización del mercado del libro, involucra un cambio en el enfoque hacia este mercado

Al contrario de lo que algunos creen, el Internet no traerá el fin del respeto a los derechos de autor y de la industria del libro. Las nuevas tecnologías de comunicación y el Internet son sólo herramientas que podemos usar de la manera que queramos. Este es el momento de ampliar el enfoque hacia el mercado del libro si queremos beneficiarnos del progreso tecnológico. Así los libros necesitan de un mercado y sus leyes, nosotros no debemos limitar nuestra imaginación al mercado por sí sólo. Al contrario, debemos tener un enfoque más amplio. Los muchos proyectos de bibliotecas universales[17] elaborados desde la antigüedad hasta hoy, con el proyecto de los libros Google, muestran el inagotable trabajo de los libros como protectores de nuestra memoria colectiva. La cadena de esta memoria colectiva la forman muchos personajes: autores, editores, bibliotecas, librerías y lectores, quienes también contribuyen a la circulación de ideas y a mantener viva la memoria colectiva. Mediante la circulación de ideas, transformadas en palabras escritas en libros o en libros electrónicos, es la vida misma la que circula. Cada eslabón en la cadena de la circulación de los libros es necesario para el correcto flujo de ideas y todo el mundo desde el autor hasta el lector final, deberán ser tenidos en cuenta para crear un mercado del libro moderno y prospero.[18] Si uno de estos eslabones del mercado del libro es descuidado, hace que las ideas circulen más lentamente. Si por ejemplo, los autores no pueden ser pagados por su trabajo, tendrán que dejar de escribir y el manantial de la creación se acabaría. Si los lectores no quieren o no pueden darse el lujo de comprar libros, entonces no habría mercado posible. En este caso, no es solamente la industria del libro la que sufriría por esta situación, sino también toda la vida intelectual y cultural de la humanidad por falta de estímulos. Cuando los gobiernos aseguran el derecho de los autores a ser pagados por sus trabajos, al darles a ellos el monopolio legal de sus trabajos, también contribuyen a la circulación de las ideas.[19] Y la mejor protección a los derechos de autor es la voluntad del público para respetarlos y de darles a los autores algo a cambio por sus trabajos. Desafortunadamente, a pesar de las campañas educativas animando a la gente a respetar los derechos de autor, muchos de ellos continúan pirateando trabajos registrados bajo la ley de derechos de autor. Haciendo esto, quiebran el círculo de intercambios –el cual es crucial para un saludable mercado del libro y una buena circulación de información- argumentando que el precio de los libros es demasiado alto. El uso de nuevas tecnologías debería mejorar esta situación, al hacer asequibles a precios más bajos los libros en formatos digitales. Esto no impide que la industria de libros impresos (impresos tradicionalmente o con tecnologías de impresión por demanda) exista por sí misma. Cuando los libros electrónicos sean verdaderamente baratos, nadie tendrá el interés de ir a una biblioteca a fotocopiar un libro, a pedir prestado un libro a un amigo, o incluso a comprar libros de segunda mano. Los lectores ya no tienen que preocuparse por infringir la ley de derechos de autor.[20] Al contrario de lo que algunos autores creen, el uso de la tecnología para proteger los trabajos registrados no es la forma más eficiente de protegerlos a ellos. La historia de la tecnología informática ha demostrado cuán rápido las nuevas tecnologías pueden ser burladas y cómo infringir estos códigos da placer a los piratas informáticos o hackers.[21] Tal uso de la tecnología para proteger los trabajos protegidos por las leyes de derechos de autor y dictaminar la manera en que el usuario final puede leer los libros electrónicos, se parece mucho al enfoque Francés a la red Minitel. Ya hemos explicado[22] que pasó en Francia con la Minitel, que fue utilizada abusivamente, y cómo Francia desaprovechó todos los beneficios de esta tecnología vanguardista. No cometamos el mismo error con las nuevas tecnologías en comunicación. La ley de la escasez puede trabajar en la economía tangible, pero en el mercado virtual esta lógica definitivamente no funciona. Haríamos mucho más empleando la lógica de la abundancia. La siguiente afirmación que encontramos en un reporte publicado en Francia, muestra cómo la lógica del mercado virtual no ha sido entendida. Esta afirmación es equivocada para el mercado del libro virtual y deberíamos descartarla completamente si queremos crear un mercado del libro mucho más próspero:

> « La economía existe sólo cuando hay escasez y atracción de la gente por esta escasez. Deberíamos establecer (en el mercado digital) soluciones técnicas para crear esta escasez ».[23]

Limitación y escasez son las leyes de un mundo material, mientras que ilimitado y abundancia son las leyes de un mundo virtual. ¿Para qué utilizar programas de computador para crear en el mundo virtual los problemas del mundo material? Nadie se beneficiaria de esta escasez y todos nos perderíamos del beneficio de la economía virtual. Por primera vez en la historia, tenemos la tecnología para crear un mercado del libro virtual, rico y generoso. Si los libros electrónicos se venden a bajos precios, los autores y sus editores se verían recompensados por muchas ventas que de otra manera no existirían. La gente continuaría comprando libros impresos, existiendo la posibilidad de que la gente compre la versión impresa de los libros electrónicos que les hayan gustado.[24] En muchos casos, los libros electrónicos vendidos a micro precios, servirán de la misma manera (ojear el libro) que encontramos hoy en día en Amazon y en varias librerías en Internet. Los editores podrían incluso adoptar una estrategia de distribución de libros electrónicos asociándose con las bibliotecas. Por ejemplo, podrían dar libros impresos gratis a las bibliotecas, y éstas a cambio incluirían en sus catálogos los enlaces de Internet para comprar la versión electrónica. Esta sería una opción muy económica de mercadeo para llegar a pequeños nichos o para editoriales pequeñas. Con libros electrónicos a precios muy bajos, todo el mundo estaría satisfecho y el mercado del libro aumentaría. Por el contrario, manteniendo una escasez artificial en el mercado del libro virtual (mediante libros electrónicos costosos), sólo fomentaría la piratería de libros registrados, evitaría el progreso de la industria del libro y finalmente haría daño a todos. En el contexto actual de la industria del libro, es también importante que los libros electrónicos estén sujetos a la ley de intercambio. En otras palabras, los libros electrónicos no pueden ser gratis y vamos a explicar por qué.

3: Entregar los libros gratis podría ser prejudicial para la correcta circulación de las ideas.

Al contrario de lo que cree James J. O'DONNELL, en el futuro, los libros no deberán ser gratis[25] (sólo en ocasiones excepcionales podrían ser gratis), porque esto podría quebrar el círculo de intercambio y volver lenta la circulación de las ideas. En caso tal, ¿quién continuaría escribiendo? Probablemente la gente rica, los estudiantes, los religiosos, los empleados oficiales y algunas personas patrocinadas por las grandes empresas. Volveríamos a una situación equivalente a lo que le sucedía a los autores antes de la Revolución francesa: sin verdaderos derechos de autor y facilidad del estado para controlar las ideas y su circulación. La historia ha demostrado cómo éste sería un retroceso lamentable, pues entidades como las universidades, las iglesias y los estados han contribuido por un lado a preservar el conocimiento humano, y por el otro, han eliminado trabajos polémicos, y en ocasiones también a sus autores. La censura existe hoy día, incluso en los países más liberales y muchísimas ideas innovadoras son bloqueadas para el mercado del libro. Dentro del contexto mundial, si además de la censura le agregamos la creación artificial de escasez al mercado virtual del libro, este no funcionará. Es más, sería un acto suicida por parte de la nación que lo haga.

La conclusión más importante que se puede extraer de esta primera parte, es que es necesario utilizar la nueva tecnología de las comunicaciones de acuerdo con su vocación, la cual es acelerar la velocidad de circulación de las ideas. Esta es la única opción ganadora para el creciente mercado del libro global. Para poder lograr este objetivo, el mercado del libro necesita un marco legal más estimulante y apropiado.

En la segunda parte de este libro, veremos cuáles son los conceptos legales que deben ser revisados y cuáles serían las guías para modernizar la ley de derechos de autor, de manera que favorezca los cambios positivos del mercado del libro.

SEGUNDA PARTE

PROPUESTAS LEGALES

PARA AYUDAR A DESARROLLAR

EL MERCADO DEL LIBRO VIRTUAL

En la primera parte vimos cómo la filosofía legal dominante, no permite que los juristas se salgan de la ley positivista. (es decir el conjunto de las leyes existentes) y a mirar la realidad cambiante del mundo editorial. A partir de este hecho, la filosofía del derecho no ha producido ideas que puedan ayudar a la modernización de las leyes de derechos de autor, y así ayudar al desarrollo del mercado del libro. A pesar de la extensión de los cambios en la industria editorial, la mayoría del tiempo los juristas continúan estudiando y comentando sus leyes viejas, sin darse cuenta de cuán profundamente se han arraigado algunos conceptos legales que han sido dañinamente adaptados al mercado del libro virtual. En los siguientes capítulos, veremos las prácticas legales actuales en el campo de los derechos de autor. Después explicaremos porque algunos conceptos como propiedad intelectual o la idea tradicional de justicia, no se acomodan al mundo virtual y propondremos soluciones legales mejor adaptadas.

CAPÍTULO 1

El *statu quo* del campo de las leyes de derechos de autor

En una entrevista reciente, John Perry BARLOW aseguraba que el mundo moderno no conoce cómo funciona la economía de la información virtual. En el campo legal, esto da lugar para que los legisladores y los agentes económicos quieran trasponer al mercado virtual, prácticas legales y sociales que fueron creadas para el mundo físico y centradas en el concepto de propiedad. En la legislación moderna, los trabajos literarios y artísticos son objetos de propiedad, y tratamos de protegerlos de la misma manera que protegemos otras propiedades, con fuerza, violencia, prohibición, aparatos electrónicos contra robo y mucho más. De ahí que las leyes sobre derechos de autor están ayudando a los agentes económicos que quieren crear la escasez de información del mercado del libro impreso en el mercado del libro virtual. Por el contrario, las leyes sobre derechos de autor deberían ser modernizadas creativamente, para ayudar a aprovechar las mejores ventajas del Internet y de las nuevas tecnologías en comunicación. Ya hemos visto, que tan dañina se vuelve para todos, la creación de escasez artificial en el mundo virtual. Debido a que las leyes de derechos de autor están enfocadas hacia los objetos tangibles, y centradas en el concepto de propiedad, se vuelven más y más complejas, coercitivas, numerosas y al mismo tiempo ineficaces. En tal extensión que un erudito especialista en las leyes de derechos de autor, se desanimó al ver la complejidad de dichas leyes.[26] Los juristas que trabajan a nivel continental, encuentran cada vez más difícil tratar con las muchas leyes, que además se han vuelto demasiado complejas. Los cuerpos gubernamentales en todo el mundo, actúan sin tener un enfoque comprensivo ante la economía virtual y bajo la fuerte presión de las grandes compañías involucradas en el mercado de los trabajos registrados, tales como libros, películas y música. Está muy claro que en la situación actual hace falta una reflexión muy profunda acerca de la naturaleza legal de los derechos de autor y un enfoque más comprensivo de la economía virtual. También podemos ver que esta decisión cultural tan importante que debiera ser tomada colectivamente, ha sido impuesta por un pequeño número de personas que quieren darle a la tecnología de las comunicaciones un uso contrario a su vocación. En pocas palabras, mientras se supone que las tecnologías de las comunicaciones deben favorecer la velocidad de circulación de la información, estos agentes económicos tratan de usarlas para controlar el flujo de información para así recrear en el mercado del libro virtual, la escasez de información del mercado del libro impreso. Como hemos mencionado anteriormente, la economía virtual no obedece las mismas leyes de la economía materialista. De hecho, la economía virtual está marcada por la abundancia, mientras que la economía material está marcada por la escasez y por las leyes de la oferta y demanda. Por esta principal diferencia, nuestra idea tradicional de justicia no es adecuada para el mercado del libro virtual y necesitamos un concepto de justicia apropiado.

CAPÍTULO 2

La idea tradicional de justicia no es la adecuada para el mercado del libro virtual

1: El arte de la Justicia como raíz de la ley

El arte de la justicia ya no es estudiado por muchos modernos filósofos del derecho, quienes consideran a la justicia fuera de la esfera de la ley. Por ejemplo para el famoso filósofo del derecho, Hans KELSEN, quien es una figura líder en el positivismo legal, la justicia debería ser excluida de la ciencia de la ley. Para él, tal concepto pertenece al campo de las emociones y debe ser excluido, para dejar sólo el enfoque racional y objetivo de la ley.[27] Pero sin la previa necesidad de justicia, nunca hubiéramos necesitado tener reglas legales y el positivismo legal no existiría. Pero tendemos a olvidar que la justicia precede a la ley, como juristas que estamos tan acostumbrados a tratar con las leyes. Los códigos y las leyes son sólo la consecuencia del arte de la justicia. Sin la voluntad de impartir justicia, la ley nunca hubiera existido. El papel de la ley escrita es el de facilitar la aplicación de la justicia, pero la ley por sí misma no es el arte de la justicia. El verdadero arte de la justicia no consiste en conocer y aplicar los textos viejos e inapropiados a situaciones sin precedentes, consiste en crear soluciones pragmáticas para balancear las relaciones entre las personas cuando surge un nuevo problema. En otras palabras, el verdadero arte de la justicia consiste en encontrar lo que es justo y en crear soluciones inteligentes a nuevos problemas, en lugar de limitarse a preguntar si existe una colección de leyes viejas que puedan ser aplicadas a una nueva situación, o si nos enfrentamos a un vacío legal. Sin el anhelo inicial por justicia, la ley, como la conocemos nunca hubiera existido. Las leyes escritas son sólo la materialización de las soluciones innovadoras legales encontradas en el pasado a través del arte de la justicia. Es por eso que, cuando suceden cambios drásticos en las actividades humanas, como es el caso de hoy día con las publicaciones, el camino más corto para encontrar las reglas apropiadas para este mercado emergente, es el de determinar qué es justo en este nuevo contexto y no cuál colección de leyes viejas debería ser aplicada o remendada. En otras palabras, el camino más corto para encontrar soluciones a los nuevos problemas legales que han surgido con el mercado del libro virtual, es ir a la raíz y preguntar qué justicia hay en este nuevo contexto. Esto es mucho más útil que preguntar: ¿Es este parágrafo de la ley de derechos de autor aplicable? ¿Es la ley de derechos de autor mejor que los derechos continentales del autor? ¿Cómo podremos proteger la propiedad del autor? Mejor deberíamos ir a la raíz y preguntar: ¿Qué es justo en el mercado del libro virtual? ¿Cuál concepto de justicia deberíamos aplicar? ¿Cuál debería ser el objetivo de la justicia en el mercado del libro virtual? ¿Cuál es la forma más justa de utilizar las nuevas tecnologías en las comunicaciones? Una vez hayamos determinado qué justicia hay en el contexto virtual, encontraremos que es más fácil crear la ley, porque sabemos el camino a seguir y el objetivo a cumplir. En este punto, las leyes viejas, que resulten útiles para este nuevo contexto, pueden ser también usadas para reglamentarlo. Así que pensemos acerca de qué es justicia en el mercado del libro virtual.

2: Justicia en el mundo virtual y en el mundo material

En el mundo tradicional, la justicia es vista como el arte de compartir bienes materiales y honores en cantidades limitadas y en castigar a los infractores de la ley. Este tipo de justicia, que le da a cada quien lo suyo, está bien acomodada a un mundo donde los bienes y los honores existen en cantidades limitadas. Es muy entendible que un mundo de escasez haya dado lugar a una filosofía de justicia hecha para ese mundo. En este mundo, la justicia no es creativa; su objetivo es solamente el de compartir lo que ya existe. O sea que, la justicia es utilizada para balancear las relaciones entre personas, respecto a cosas que existen en cantidades limitadas. Generalmente hablando, en el mundo virtual no existe la escasez. El mundo virtual es el reino de la abundancia, donde, al darle algo a alguien, no priva al donante de tener ese algo, como sí es el caso del mundo material. En el mundo virtual, una idea puede ser comunicada a muchas personas sin que el inventor se quede sin nada. En el mundo material, entre más recibimos, más ricos nos volvemos, mientras que en el mundo virtual, entre más nos comunicamos, tenemos mayores posibilidades de enriquecernos intelectual y materialmente. La intangibilidad equivale a abundancia ilimitada. En un mundo virtual donde las "cosas" existen en cantidades ilimitadas, la justicia consistente en compartir la escasez, ya no es útil, por lo que debemos pensar acerca de un nuevo concepto de justicia. Como hemos explicado en detalle en un libro anterior acerca del derecho de Internet, la justicia en el mundo virtual es diferente a la justicia que conocemos en el mundo tradicional.[28] La justicia puede ser mucho mejor que solamente distributiva, puede ser creativa y creadora de abundancia. En un contexto virtual, la justicia no debería ser el arte de compartir la escasez, que no existe, pero sí el arte de crear la máxima abundancia para todos, gracias a la aceleración en la velocidad de circulación del flujo de información. Todo lo que favorezca la circulación de ideas en el mundo virtual es justo, dado que el incremento en la circulación de ideas nos lleva a incrementar la riqueza. Y al contrario, todo lo que bloquee o hace lenta la circulación de ideas, es injusto en el mundo virtual. Y una cosa importante debe ser tenida en mente: El mercado virtual es global, y la justicia en el mercado virtual, también es global. Este no es el caso del mercado tradicional, donde la justicia como el arte de compartir, se aplica a bien delimitados territorios domésticos. Esto significa que, en el mundo material, cuando un estado es justo y permite que la gente viva en un país justo, los países vecinos no se ven afectados. Siguiendo la misma línea de ideas, la injusticia también puede ser limitada a un país, sin consecuencias importantes en los países vecinos y en el resto del mundo. Este ya no es el caso del mundo virtual, donde todo es global, incluso la justicia. Allí, ciertamente la justicia (=flujo libre de ideas) en un país, o la injusticia (obstrucción al flujo de ideas) en otro país, tienen importantes consecuencias en todos los demás países que estén enlazados por el Internet. Una ley fundamental del ciberespacio, es que un país injusto (es decir un estado que trate de hacer más lenta o de bloquear la circulación de información en su propio territorio) automáticamente transfiere el flujo de riquezas que sigue al flujo de ideas, a otros países más favorables a la justicia (dentro del contexto del mundo virtual, es decir, estados que favorecen la circulación de ideas). En el mundo virtual, la injusticia de un estado, rápidamente se vuelve en su contra. Ya hemos visto cómo esto puede suceder, mediante el ejemplo del estado que optó por la creación de la escasez de información. Este país, como veíamos, al contrario que el país de la información abundante –donde las nuevas tecnologías en las comunicaciones fueron utilizadas para acelerar la circulación de las ideas- tuvo una actitud injusta al tratar de recrear en el mundo virtual, la escasez del mundo material. De ahí que este país no se pudo beneficiar de la riqueza generada por la aceleración del flujo de información.

Habiendo determinado lo que es la justicia en el mundo virtual, veamos ahora porqué la circulación de ideas trae prosperidad.

3: Justicia virtual = incremento en el flujo de información y de la riqueza en todos los campos

El análisis de la economía moderna ha mostrado claramente que el incremento en el flujo de información, lleva a mayor riqueza material.[29] Ya hemos visto cómo el Internet ha sido benéfico para las economías en todo el mundo, y particularmente para la economía de los Estados Unidos.[30] Allí, Bill GATES le dijo a los gerentes de empresas: "El flujo de información es su elemento vital."[31] La historia hace obvio que el incremento en la circulación de ideas ha sido la fuerza impulsora de la evolución de nuestra civilización. Con la invención de la imprenta por GUTENBERG, se logró la reducción del precio de los libros, incrementando la velocidad en la circulación de las ideas, lo que a su vez incrementó el desarrollo social y cultural del mundo occidental. Hoy en día, el Internet y las nuevas tecnologías editoriales, permiten mejorar considerablemente la economía del mercado del libro. Todavía hay muchos obstáculos que entorpecen este mercado: [32] físicos, económicos, psicológicos, administrativos o lingüísticos, que vuelven lento o bloquean el « flujo de libros ». Utilizando correctamente el Internet y las nuevas tecnologías de comunicación, podremos eliminar muchos de los obstáculos tradicionales para la circulación de los libros, lo que nos conduciría a una considerable expansión del mercado del libro. Tal aceleración en el flujo de los libros, sólo puede llevarnos a una prosperidad global sin precedentes, ya que hasta los economistas creen que: "La diseminación de ideas es deseable y necesaria para la prosperidad de la sociedad."[33] Ahora está claro que dentro del contexto del mercado virtual del libro, la justicia no sólo consiste en compartir una escasez inexistente, sino en crear abundancia de información para todos. Para que este tipo de justicia pueda ser establecida, es necesario revisar otros conceptos fundamentales que no son compatibles con el mercado del libro virtual. Entre ellos, el concepto de propiedad intelectual que es una gran desventaja para la necesaria modernización de los derechos de autor y para darle a la economía del mercado del libro virtual un enfoque diferente.

CAPÍTULO 3

El concepto de propiedad intelectual es incompatible con el mercado del libro virtual

En este capítulo, nos preguntaremos si en general el derecho de un autor es un derecho de propiedad. Vimos en el segundo capítulo, dedicado a la definición de libro, que los libros impresos son los medios para materializar el pensamiento intangible. Por lo tanto, la naturaleza esencial de un libro es ser el mensaje, algo intangible, que no puede ser objeto de propiedad como las cosas tangibles. Las leyes de la física no hacen posible tener la propiedad de cosas intangibles. ¿Entonces, por qué los juristas hablan de propiedad intelectual?

1: ¿Es legalmente posible tener la propiedad de una idea intangible, de la misma manera que podemos ser dueños de un objeto material?

Cuando los libros circulan en Internet como libros electrónicos intangibles, podemos entender cuán imposible es manipular físicamente las cosas intangibles.

Al contrario de lo que se asegura en muchas leyes de derechos de autor, las leyes de la naturaleza, hacen imposible el derecho de propiedad en artículos intangibles, como las ideas. Por eso, el derecho de propiedad que inicialmente fue aplicado a objetos materiales solamente, no es conveniente para trabajos literarios pues están hechos de ideas intangibles. Y Geoffrey BROWN está en lo cierto cuando afirma que:

> "Muchas de las dificultades que se encuentran al hablar de los derechos sobre la información, provienen de los conceptos de propiedad y posesión..."[34]

Hoy día, el concepto legal de propiedad intelectual es tan común, que nadie piensa en cuestionarlo. Sin embargo, esto es lo que debería hacerse, ya que este concepto se ha convertido en uno de los principales obstáculos para tener un derecho de autor que sea eficiente. Generalmente, los libros modernos sobre el derecho de autor, son titulados "Derecho de propiedad intelectual", o "Derecho de autor". La mayoría de las veces, simplemente se olvidan de la filosofía del derecho, o de la teoría legal. Estos libros se dedican solamente a dar una lista de todas las leyes domésticas y los acuerdos internacionales en estos campos, hacen comentarios sobre ellas y después comparan el sistema establecido por los Estados Unidos con el sistema continental europeo. A través del mundo, todas las leyes de derechos de autor domésticas e internacionales, tienden a ser cada vez más vacías de pensamientos filosóficos. Y una ley, privada de su filosofía, no puede evolucionar cuando ocurren cambios dramáticos en la realidad. Es por esto que los derechos nacionales de autor y la ley internacional, ya no se acomodan al mundo editorial moderno. En el mejor de los casos, los libros sobre el derecho de autor, exponen brevemente la historia de las leyes sobre derechos de autor, pero nunca cuestionan el concepto de propiedad intelectual. Cuando Mark ROSE asegura:

> "Muchos juristas han notado lo inconveniente que es tratar los textos literarios como propiedad privada. Sin embargo, la institución de la propiedad literaria, está tan profundamente arraigada en nuestra sociedad, que muchos juristas e incluso algunos historiadores legales, la consideran como una idea moral trascendental que ha estado disponible en todos los lugares y tiempos."[35]

Precisamente él menciona una realidad que se ha vuelto compulsiva, debido a la "pura teoría de la ley", o sea al positivismo legal, que confina a los juristas al estudio y la aplicación de la ley positivista. (es decir el conjunto de las leyes existentes). En muchos países, el positivismo legal se ha convertido en obligatorio para juristas, eruditos y estudiantes de leyes. Así que cuando ellos adoptan un enfoque diferente del derecho, el establecimiento los excluye de donde les sea posible. Por falta de resistencia, esta drástica censura ocurre en casi todos los países liberales, en detrimento de la sociedad que no puede beneficiarse de los pensadores innovadores en el campo de la ley. Con respecto al ejercicio legal, la mente de todos los profesionales, está formada por esta filosofía, que es el fundamento de toda la enseñanza legal. Como afirmaba Michel VILLEY, ellos son positivistas sin siquiera saberlo. Consecuentemente, dentro de la doctrina legal no se encontrarán críticas al concepto de propiedad intelectual, pero sí en otros campos, como el económico. Algunos economistas, ciertamente han observado que hablando pragmáticamente, el concepto de propiedad no se ajusta al contexto intelectual. Habiendo analizado las leyes de derechos de autor, ellos concluyen:

> "Es importante reconocer que, hablando de economía, las propiedades intelectuales, no son propiedades –o artículos tangibles, a pesar del termino engañoso, y las leyes de propiedad intelectual no protegen dicha propiedad, pero sí los intereses de los propietarios derivados del uso de dicha propiedad- aunque este interés puede variar, bien puede llamarse como "propiedad" en el sentido legal."[36]

Otro autor subraya la singularidad del concepto de propiedad intelectual, como sigue:

> "Debería ser obvio que existe algo extraño acerca del uso del concepto de posesión en este contexto. La información, considerada simplemente como tal, de ninguna manera es algo de lo que se puede ser propietario, aunque ocasionalmente puede ser comprada y vendida."[37]

Por supuesto, a pesar de las afirmaciones de la ley, las leyes naturales no hacen posible ser el propietario de una idea, porque las ideas no son tangibles. Entonces, ¿por qué, contra todo sentido común, podemos encontrar leyes, e libros recientes sobre el derecho de Internet o el derecho de autor, afirmando que el derecho de los autores es un derecho de propiedad? [38]

Ya no está de moda discutir en la cátedra la naturaleza de los derechos de autor. Para los juristas modernos, esto parece innecesario, pues se contentan con el estudio de las leyes positivistas. Al contrario que los juristas modernos, aquellos que, en 1886 realizaron el anteproyecto de la Convención de Berna, estaban particularmente interesados en este tema. Se realizaron animadas discusiones, pero debido a la falta de unanimidad respecto a la naturaleza de estos derechos, los juristas dejaron desde entonces de discutir esta cuestión, porque lo estimaban complejo y estéril. Desde mucho antes que ellos, este tema ha fascinado al mundo y ha sido discutido por filósofos, legisladores y políticos, que han inventado una multitud de teorías al respecto.[39] Pierre RECHT presentó todas estas teorías en un interesante libro sobre el derecho de autor.[40] En su libro, Pierre RECHT observa cómo el desacuerdo ideológico de los europeos sobre la naturaleza de los derechos de autor, no se interpone en el camino para llegar a un acuerdo sobre las medidas prácticas que deben ser adoptadas en el marco de la convención de Berna.[41] En la misma línea de ideas, tan temprano como en 1908, Eugène POUILLET, que apoyaba la doctrina sobre la propiedad intelectual, creía que estos debates doctrinales, no eran tan importantes. El escribió:

> "Primero observemos que la cuestión es puramente teórica y que nadie piensa quitarle a los autores el derecho sobre sus trabajos. El único problema es saber, que nombre le vamos a poner a este derecho y el desacuerdo se limita al vocabulario que debe emplearse. Al contrario, en la práctica, no es importante establecer que este derecho es un derecho de propiedad, mientras sus efectos, su extensión y su duración estén claramente determinados por la ley."[42]

A través de la historia, es fácil entender por qué las disputas doctrinales acerca de la naturaleza de los derechos de autor se detuvo. En ese momento histórico, la viabilidad era suficiente para solucionar el problema encontrado en dicho campo. Hoy, los importantes cambios que están sucediendo en el mercado del libro, hacen necesario entender claramente la categoría legal de los derechos de autor.

El concepto de propiedad intelectual, que ha sido útil por mucho tiempo, ahora debe ser cuestionado, porque no se ajusta al nuevo mundo económico editorial. Tal concepto es hoy en día el mayor obstáculo para clarificar los problemas y lograr una modernización eficiente del derecho de autor adaptado a la realidad. El concepto de propiedad intelectual es totalmente irreal. De hecho, es una ficción legal, como se dice en la jerga legal. Y es interesante conocer porqué fue creada esta ficción legal.

3: La génesis del concepto de propiedad intelectual

La historia mundial y especialmente la historia de la Revolución francesa, muestra claramente cómo nació el concepto de propiedad intelectual.[43] Si hoy es bien aceptado que los autores deben recibir una porción de los beneficios obtenidos por la venta de sus trabajos,[44] este no ha sido siempre el caso. Para lograr este adelanto, las mentalidades tuvieron que evolucionar, los autores tuvieron que luchar y el mercado del libro tuvo que expandirse.[45] Gradualmente, las autoridades reales, empezaron a otorgar privilegios por la venta de libros a los libreros y después, directamente a los autores. Solamente al principio del siglo XVIII, estos privilegios fueron otorgados directamente a los autores.[46] Antes sólo lo recibían los libreros.[47] Como podemos ver, al principio, los derechos de los autores no eran derechos, sino privilegios. Como privilegios, estos pertenecían a la categoría de derechos personales en vez de a la categoría de derechos reales (real en el vocabulario legal, significa « material », cuya raíz viene del Latín « res », que a su vez significa cosa material.) Los derechos personales, al contrario de los derechos reales se enfocan en la gente y no en los objetos materiales. La categoría legal de los derechos personales trata directamente con las relaciones personales. De acuerdo a Mark ROSE, en Inglaterra, los libreros usaron el concepto de propiedad intelectual por primera vez, para transformar estos privilegios temporales en privilegios permanentes, como una propiedad. En Francia, antes de la Revolución, los autores no tenían derechos sobre sus trabajos intelectuales, solamente privilegios. La historia francesa, muestra claramente cómo y por qué los privilegios de los autores, fueron transformados en derechos de propiedad. En Francia, durante la noche del 4 de Agosto de 1789, los revolucionarios abolieron todos los privilegios existentes que las autoridades reales habían otorgado en muchos campos.[48] Debido a esta abolición, se suponía que los privilegios de los autores y de los inventores debían desaparecer. Pero los privilegios de los creadores fueron considerados muy útiles como para ser suprimidos, por lo tanto, los revolucionarios encontraron una solución para mantenerlos activos a pesar de la abolición de todos los privilegios. El contexto psicológico no les permitía utilizar la palabra « privilegio », demasiado marcada por los abusos reales, pero los animó a usar el concepto de propiedad, que estaba mucho más valorado en la época por los filósofos y la gente.[49] Los revolucionarios Franceses salvaron los privilegios de los autores e inventores, al transformarlos en derechos de propiedad ficticios.[50] Estos derechos fueron inspirados por las doctrinas legales de Francia, Inglaterra y de los Estados Unidos de esa época.[51]

Esta ley fue tenida en cuenta durante la votación de los decretos del 13 al 19 de Enero de 1791 y del 19 al 24 de Julio de 1793, los cuales les otorgaron derechos de propiedad a los autores. En esa época, siendo la propiedad el tema principal de las agendas políticas, filosóficas y sociales, era el concepto legal apropiado para salvar los privilegios de los autores. Este tipo de truco mágico fue tan exitoso que, más adelante, dio lugar al concepto de propiedad incorporal o intangible, que todavía existe en el

Código Francés de Propiedad Intelectual.[52] Lo que cree Pierre BOURDIEU cuando dice: "La ley más racional es solamente un exitoso acto de magia social.", puede ser perfectamente confirmado con este ejemplo histórico.[53] Mediante el uso de la palabra "propiedad" en lugar de "privilegios", los revolucionarios permitieron salvar los antiguos privilegios de los autores franceses. También reforzaron el estatuto legal de los autores, gracias a una bien concebida eficiente ley que ha durado más de 160 años sin mayores enmiendas, a pesar de la ficción de propiedad.[54]

El estudio de la historia del derecho de autor a nivel mundial, muestra cuán difícil ha sido proteger la riqueza intangible de la creatividad intelectual en una civilización materialista. Para lograr una merecida protección legal, era necesario usar la categoría del derecho de propiedad en lugar de la de los derechos personales. En el siglo XVII, la ficción de la propiedad intelectual era necesaria para mantener y reforzar el estatus legal de los autores. Hoy, esa ficción ya no es necesaria, es más, es dañina para una reflexión seria acerca de la modernización de las leyes de derechos de autor y lo mejor que podemos hacer es deshacernos de ella. A pesar de su lado negativo, el concepto de privilegio prueba que los derechos otorgados por el rey, eran derechos personales. De hecho, incluso bajo la etiqueta derecho de propiedad, los derechos de los autores, nunca han dejado de ser realmente derechos personales. Hoy sería muy útil reconocer esta simple realidad.

CAPÍTULO 4

La verdadera naturaleza de los derechos de los autores y su importancia para crear una ley de derechos de autor eficiente

Otorgándole un privilegio a un autor, el Rey le daba el poder legal de actuar contra los demás, para prevenir que otras personas realizaran ciertas acciones que resultaban parásitas del trabajo del autor. En Francia, sin la revolución, posiblemente los derechos de los autores podrían haber terminado naturalmente siendo derechos personales.[55] El problema no es rehacer la historia, sino ser conscientes de que alguna vez, el concepto de propiedad fue útil, pero que ahora es dañino. Uno de los mayores inconvenientes del uso de este concepto, es que las mentalidades han estado por demasiado tiempo enfocadas en los supuestos « objetos » de esta propiedad, en vez de centrarse en la gente y en equilibrar sus relaciones dentro de este contexto. Para ilustrar este hecho, podemos citar a Mark ROSE, quien escribió un artículo titulado "El Autor es el Propietario":

> "Lo que observamos, yo sugeriría, es el nacimiento de unos gemelos, el surgimiento simultáneo en el discurso de la ley, del autor como dueño y el trabajo literario. Los dos conceptos están ligados el uno con el otro, imponer uno es implicar el otro, y juntos,... definen el centro del sistema literario moderno."[56]

Al ser el autor el propietario, la ley busca proteger esta propiedad de la misma manera que a las demás propiedades. Las leyes de derechos de autor, están tan enfocadas en los « objetos » de propiedad, que se han olvidado de la gente. En uno de nuestros anteriores libros, explicábamos en detalle las raíces romanas de la distinción moderna entre los derechos reales (real viene del Latín Res, que en el contexto legal significa: cosa material y física, y el derecho de propiedad es un derecho real), y los derechos personales.[57] Hemos mostrado en este estudio cómo, cada vez que la ley debe tratar con el mundo intangible, como las ideas en nuestro caso, ciertamente debe tratar con personas y debería usar la categoría de derechos personales y no la de derechos reales (que fue concebida para el mundo tangible).

Cuando se enfrenta con el mundo intangible, como por ejemplo con las innovadoras ideas de los trabajos literarios, la ley solamente puede depender de la gente para manejar este campo, porque es imposible tener control físico sobre el mundo intangible. En otras palabras, los juristas solamente pueden confiar en la gente, cuando se enfrentan a un problema en el mundo intangible, ya que no pueden utilizar los medios naturales que usamos para proteger los objetos tangibles que pueden ser agarrados. En el siglo XVIII, KANT[58] creía que los derechos de los autores eran derechos personales. Para él, el derecho de un autor era un derecho personal mediante el cual un autor autorizaba a un editor a hablar al público en su nombre. Llegó el momento de reconocer la verdadera naturaleza de los derechos de los autores. Así enfocaremos nuestras mentes, no en objetos que ya no existen en la realidad virtual, si no en las personas y en el equilibrio de sus relaciones dentro del mercado del libro. La mejor manera de encontrar una solución a los nuevos problemas surgidos a raíz de los cambios tecnológicos en el campo editorial, es buscando un equilibrio entre las relaciones de las personas. Un enfoque así, expandiría el angosto ámbito del acercamiento de la propiedad intelectual. Un acercamiento más extenso a la industria editorial, nos permitiría imaginar estrategias legales creadoras de prosperidad en todos los eslabones de la cadena del libro, desde el autor hasta el lector.[59] Permitámonos cambiar el enfoque al derecho de autor: en lugar de enfocar la ley en los supuestos objetos con derechos de propiedad, pongamos atención a la gente, a sus relaciones en esta área, a su psicología y a su actitud en general. Si tomamos en cuenta el comportamiento de la gente y su psicología, podremos ser capaces de canalizar sus acciones con estrategias legales, tecnológicas y económicas apropiadas. Tecnologías como el Internet, los libros electrónicos o los programas DRM son solamente eso: tecnologías. Podemos utilizarlas para acelerar el flujo de « libros » e ideas. Como nos han mostrado Mark STEFIK[60] y Lawrence LESSIG[61], nosotros también las podemos utilizar para dominar, controlar y por lo tanto volver lenta la circulación de las ideas.

CAPÍTULO 5

Guías para la modernización de las leyes de derechos de autor

1: El concepto de propiedad intelectual debe ser descartado

La combinación del Internet, los libros impresos con las tecnologías por demanda, los libros electrónicos y los programas DRM, han traído la posibilidad de crear un mercado del libro más rico que el que conocemos, al igual que abundancia de información para todos y ganancias para muchos más autores. Sólo debemos decidirnos a usar la nueva tecnología de esta manera y modernizar la ley y los modelos de negocios. En el campo legal, debemos cambiar la manera en que vemos los libros. De hecho, si continuamos viendo los libros como objetos de propiedad, y si nos quedamos estancados colectivamente en el campo del derecho de propiedad, estaremos naturalmente tentados a reproducir en el mercado del libro virtual, nuestro enfoque hacia otros bienes tangibles que existen en cantidades limitadas. Un enfoque así del mercado del libro virtual, no es favorable para su circulación en el mercado global. En la economía virtual, no hay límites en la creación de riqueza intelectual, y el concepto de propiedad no es compatible con este contexto de información abundante. Lo ideal, sería olvidar todo sobre la propiedad intelectual, la propiedad incorporal o propiedad literaria, ya que estos conceptos legales ficticios, que en su momento fueron políticamente correctos, ahora están encaminando equivocadamente a generaciones de juristas y a las autoridades públicas a quienes ellos aconsejan.

Si continuamos hablando de propiedad intelectual, son muy altas las posibilidades de que las nuevas tecnologías sean utilizadas en contra de su vocación, para crear una escasez de información artificial. Si tal creación continúa, todos perderemos la oportunidad de beneficiarnos del progreso tecnológico. Peor aún, el mercado estará en riesgo, cuando todos los controles tecnológicos centralizados sean violados. Por el contrario, si los libros electrónicos son ligeramente protegidos, pero extremadamente baratos, los lectores no estarán interesados en piratearlos, y a los hackers ya no les interesará violar esos códigos. Antes de ser un objeto, un libro es un mensaje, o sea ideas circulando entre la gente. Naturalmente, este enfoque de los libros, involucra la categoría de derechos personales, que se acomoda mejor al mundo virtual. En general, el Internet debería ser enfocado a las relaciones humanas, con el objetivo principal de favorecer la abundancia cultural para todos. Las tecnologías DRM, al igual que otras tecnologías, no son 100% confiables y nunca lo serán. Estas nunca reemplazaran una buena ley de derechos de autor, innovadora, enfocada en la gente, y sobre todo, aceptada por el público.

2: El derecho de autor debe enfocarse en las personas y no en los objetos

Debemos estar muy conscientes del papel de los lectores en el proceso de la protección de los derechos de los autores. Las personas y sus relaciones bien balanceadas, deberían ser el corazón de un derecho de autor moderno. De hecho, lo que importa no es proteger objetos de propiedad, sino equilibrar relaciones. Incluso, si la tecnología informática y el derecho penal pueden ayudar, el punto más importante de la estrategia para un derecho de autor eficiente, se debe centrar en el equilibrio de las relaciones entre las personas y no en el la obra intelectual en sí misma. Una ley moderna, debería persuadir a la gente para que no actúe como parásitos de los autores. La ley debería usar medios de prevención, al igual que los castigos. Una ley modernizada, en combinación con la estrategia de negocios de ofrecer libros electrónicos a precios bajos, convertiría a la piratería de libros impresos y electrónicos, en una actividad muy poco interesante. Esto es importante si queremos preservar el futuro del mercado del libro e incrementar su prosperidad.

Las actuales leyes de derechos de autor, se han vuelto demasiado complejas, porque se han enfocado en objetos (libros), medios de almacenamiento y herramientas de reproducción, los cuales están constantemente cambiando, debido a las nuevas tecnologías. Tal complejidad, juega un papel importante en la ineficiencia legal actual. Sería mucho mejor reemplazar toda esa complejidad por una ley de derechos de autor mucho más simple, basada en el equilibrio entre las relaciones de la gente. Este enfoque haría más fácil la modernización de las leyes sobre derechos de autor domésticas e internacionales. La ley de derechos de autor de la Revolución francesa[62] estaba enfocada en la gente, nosotros todavía podemos sacar provecho de la sabiduría que contiene y que hemos perdido en nuestro mundo de sofisticación tecnológica. Esta ley era simple, iba a los puntos esenciales y era pragmáticamente eficiente. Estaba enfocada en la gente y trataba las acciones que estaban permitidas y las que estaban prohibidas. Las acciones prohibidas eran aquellas que hoy día llamamos piratería o parasitismo. Comenzando con las cortes de Suiza,[63] Francia y Bélgica, quienes utilizaron "la théorie des agissements parasitaires" (teoría de los actos parásitos), cuando querían proteger la inversión y el trabajo de un creador, del parasitismo de otras personas. En ese caso, ellas revisaban si había perjuicio en detrimento del creador, si existía un nexo entre la acción de una persona y el perjudicado, y también, si el infractor se beneficiaba de este parasitismo. Esta doctrina legal, combinada con el concepto legal de los Anglo-Americanos sobre el uso justo[64] es el camino a seguir para establecer leyes de derechos de autor domésticas e internacionales más simples y mucho más eficientes. En vez de estar enfocada en los supuestos objetos de una propiedad intelectual imposible, esta ley de derechos de autor modernizada, podría reiniciar el dialogo entre los lectores y la industria del libro, haciéndolos conscientes de su propio papel y de su responsabilidad en crear abundancia cultural. Así escaparíamos de la mala situación que atraviesa el mercado del libro actualmente, donde los lectores son a la vez, clientes potenciales que deben ser tentados a comprar y enemigos potenciales que deben ser fuertemente controlados y castigados severamente.

3: El concepto de parasitismo debe prevalecer sobre la definición de objetos protegidos

La piratería por sí misma, realizada con los medios o herramientas presentes o futuros, debería ser castigada legalmente, (y prevenida) pues los actos de parasitismo son dañinos para los autores y para la colectividad. Cuando los autores sufren la piratería de parte de sus lectores, esto termina reduciendo la riqueza informativa de todos. Para poder castigar las acciones parasitas, la ley debe organizar los medios para comprobarlas.

4: Las autoridades públicas a nivel mundial deberían organizar los medios de probar la existencia, el contenido original y la autoría de los libros

En estos días, una de las ventajas del deposito legal en algunos países y las leyes de derechos de autor en otros, es la de dar prueba de la existencia de los libros y de su autoría. Los países podrían continuar con sus prácticas corrientes, pero deberían ayudarse con la tecnología para mejorarlas, permitiendo el depósito digital de trabajos. También debería crearse un catálogo digital a nivel mundial, que no sea centralizado sino entrelazado. El registro de trabajos en esta base de datos internacional, deberá ser gratis, abierto para todos y se debe encargar a una comisión el control de su utilización justa. La tecnología existente hace posible esta clase de iniciativas. Una red internacional de depósito de libros legal, también debería ser interesante y lograría el viejo sueño de la biblioteca universal. Un depósito legal así, contribuiría a incrementar y organizar el conocimiento humano como un todo, e incluso facilitaría el acceso a ese conocimiento para la gente más pobre y aislada del mundo. En lugar de invertir en aparatos sofisticados para controlar a los lectores, la industria del libro debería mejor invertir en herramientas de investigación eficiente e intuitiva y hacer que los libros electrónicos sean más atractivos. Por su parte, los estados deberían enfocarse en la justicia.

5: Los estados deben favorecer la justicia

Los estados deberían usar su poder para favorecer la justicia en el mercado del libro virtual. El tipo de justicia que ya hemos definido para el mundo virtual. Como vimos, en el mundo virtual, la justicia como el arte de compartir la escasez, debe ser descartada. En su lugar, la justicia en el mundo virtual, es el arte de acelerar el flujo de información, que a su vez, crea prosperidad. Por lo tanto, el papel de los estados debería ser el de tomar todas las medidas preventivas y punitivas, para favorecer el libre flujo de ideas. Además, los estados tendrían que intervenir para combatir cualquier tipo de intento por entorpecer la circulación de los libros electrónicos.[65] Uno de los principales obstáculos, proviene del impulso de los mismos estados a imponer impuestos al emergente mercado del libro virtual. Los estados a nivel mundial, están más enfocados en hacer dinero cobrando impuestos por las transacciones virtuales, que en favorecer el uso de las nuevas tecnologías para crear prosperidad.[66] Los estados están equivocados cuando utilizan sus enormes presupuestos públicos en tecnología para controlar el movimiento del Internet y a sus ciudadanos. Ellos no están seguros de recibir nada a cambio, es más, ni siquiera están seguros de que la eficiencia de esta tecnología sea suficiente para sus propósitos de control. Por otro lado, si esta tecnología de control resultara verdaderamente eficiente, ¡los estados estarían corriendo un gran riesgo![67] De hecho, si se ponen a funcionar, los mecanismos electrónicos de control, resultarán tentadores para los terroristas que quieran tener el control (y el dinero) de la gente, en lugar del estado. Los estados harían una mejor elección si favorecieran la expansión del mercado del libro virtual, haciéndolo libre de impuestos. Esto ayudaría para que el mercado del libro despegue e impulse la creación de bienes materiales en muchos otros campos económicos. Sería mucho más conveniente para los estados cobrar impuestos en un mundo material más rico que en una economía virtual pobre (provocada). Ellos deberían revisar sus estrategias de impuestos.

6: Los estados deben revisar sus estrategias de impuestos

Los estados deberían tomar cualquier posible iniciativa para favorecer el uso de nuevas tecnologías para acelerar el flujo de ideas. Es claro que si le cobran impuestos a este mercado, se disminuye considerablemente la circulación de libros electrónicos y le trae a este mercado una complejidad que puede ser evitada. Para cobrar impuestos se requiere controlar a los ciudadanos; involucrar la centralización y puede incluso fomentar la intrusión en su privacidad. (Con todos estos controles, los estados pueden por ejemplo determinar lo que lee la gente). Los impuestos estatales en los libros electrónicos los hace más costosos (en Francia llegan hasta el 19,60% del precio de lista, cuando es sólo del 5.5% para los libros impresos), y si los estados, los mayoristas, los distribuidores, los libreros, los bancos y demás, piensan ganar dinero con los libros electrónicos, será imposible venderlos a micro precios y las posibilidades de perdernos del beneficio que trae el progreso tecnológico son extremadamente altas.[68]

CONCLUSIÓN FINAL

La manera en que vemos a los autores, los libros y al mercado editorial, está fuertemente marcada por la historia. La tecnología ha evolucionado mucho más rápido que nuestras mentalidades. Las leyes de derechos de autor alrededor del mundo fueron creadas para los libros impresos, vendidos en territorios domésticos y no son adecuadas para el mundo virtual, donde los libros son intangibles y vendidos en todo el mundo a través del Internet. En el mercado del libro virtual, algunos conceptos clave de las leyes actuales de derechos de autor, se han vuelto obsoletos. Entre ellos, la idea tradicional de justicia y el concepto de propiedad intelectual. Para que todos los eslabones de la cadena del libro, desde el autor hasta el lector, estén abiertos a las mejores posibilidades ofrecidas por las tecnologías de comunicación, debemos cambiar nuestra actitud frente al mundo virtual. Debemos adaptar nuestras estrategias de negocios, económicas, gubernamentales y sociales, al funcionamiento específico del mundo virtual, en vez de tratar de imponerle nuestros viejos hábitos del mundo material. Ya tenemos la tecnología que nos permite decirle adiós al mercado editorial marcado por la lógica de la escasez, la exclusión de demasiados autores y sus ideas, la frustración de muchísima gente y la pobreza de casi todas las bibliotecas públicas. Ahora tenemos las herramientas tecnológicas para crear un mundo de verdadera libertad de expresión y de abundancia de información, en un saludable mercado del libro.

---

[1] En Inglés: POD, Print On Demand.

[2] *Le droit d'auteur et l'Internet*, Rapport du groupe de travail de l'Académie des Sciences Morales et Politiques présidé par M. Gabriel DE BROGLIE, p. 6: Traducción del Francés: "L'objet de ce rapport est d'analyser les incidences sur le droit d'auteur de ce nouveau moyen de communication (Internet) et de dresser un état des lieux du respect du droit d'auteur et des droits voisins dans les nouvelles technologies de l'information."

[3] *Ibid.*, p. 8. Traducción del Francés: "Il semble en réalité que les solides principes du droit d'auteur et des droits voisins appellent, dans l'environnement numérique, une simple adaptation plus qu'un bouleversement."

[4] *Ibid.*, p. 27. Traducción del Francés: "La législation sur le droit d'auteur s'applique donc à l'Internet."

[5] *Ibid.*, p. 36. Traducción del Francés: "En définitive, l'application de la législation relative au droit d'auteur n'est pas impossible, mais se heurte dans la pratique, à de nombreuses difficultés. Les composantes traditionnelles du droit d'auteur sont bouleversées, ses limitations légales tendent à devenir tout autre chose que des exceptions, et même la détermination du droit applicable ne va pas sans difficulté. Mais, sur toutes les questions précédemment abordées, la législation existe."

[6] http://www.uned.es/manesvirtual/Historia/platon/fedro.html

[7] MANCINI Anna, El misterio de *Maat, Diosa de la Justicia en el antiguo Egipto*, USA, Buenos Books America, 2005

[8] MANCINI Anna, *Ancient Roman Solutions to Modern Legal Issues, The example of Patent Law*, USA, Buenos Books America, 2004.

[9] http://www.uned.es/manesvirtual/Historia/platon/fedro.html

[10]FISCHER Steven Roger, *op. cit.,* p. 89, p. 351 Augustine of Hippo, 'Of the Origin and Nature of the Soul', en Basic Writings of Saint Augustine, ed. Whitney J; Oates (Londres, 1948), IV:7:9"
Ver también Alberto Manguel, Capitulo 2 of *A History of Reading*(New York; Viking, 1996)
http://www.stanford.edu/class/history34q/readings/Manguel/Silent_Readers.html

[11] FISCHER, Steven Roger, *op. cit.,* p. 95.

[12] KANT Immanual, The science of right, traducido en Inglés por W. HASTIE, http://www.eserver.org Traducción española por Pedro BORRERO.

[13] FISCHER Steven Roger, *op. cit.*, 2003, p. 176.

[14] FISCHER Steven Roger, *op. cit.*, 2003, p. 195.

[15] MANCINI Anna, *Justicia e Internet, Una filosofía del derecho para el mundo virtual,* USA, Buenos Books America, 2005.

[16] MANCINI Anna, *Justicia e Internet*, *op. cit.*, 2005.

[17] Sobre la historia del proyecto de biblioteca mundial, ver: James J. O'DONNELL, *Avatars Of The Word, From Papyrus To Cyberspace*, Cambridge, Mass., Harvard University Press, 1998. Ver más información sobre el proyecto moderno de biblioteca mundial por Google: Google Books *http://print.google.com/support/publisher/bin/index.py?fulldump=1*

[18] BARRÉ Martine, "L'OMPI et la Mondialisation du droit de la Propriété Intellectuelle", in *La*

mondialisation du droit, Sous la direction d'Eric LOQUIN et Catherine KESSEDJIAN, Travaux du Centre de Recherche sur le droit des marchés et des investissements internationaux, Libro 19, LITEC, 2000, p. 277-295.

[19] Y también de abundancia y no de escasez. Contrario a los análisis equivocados de muchos, las leyes de derechos de autor no contribuyen a crear escasez. Ver por ejemplo: Martine BARRÉ, *op. cit.*, p. 278: "Les droits de propriété intellectuelle ont pour effet d'instituer une rareté artificielle et confèrent une position dominante à leurs titulaires." (Los derechos de propiedad intelectual, resultan creando una escasez artificial y le confieren a sus dueños una posición dominante).

[20] Y también STEFIK Mark, *The Internet Edge, Social, Legal and Technological Challenges for a Networked World*, MIT, 1999, p. 106: "Sin sistemas confiables, la edición digital está en riesgo."

[21] De acuerdo al reporte realizado por el Consejo de Estado Francés (Conseil d'Etat), la mayoría de los profesionales creen que los aparatos utilizados para proteger los trabajos permitirán luchar eficientemente contra la piratería. Conseil d'Etat, France, *op. cit.,* 2 July 1998, p. 117.

[22] Mancini Anna, *Justicia e Internet*, *op. cit.*

[23] Conseil d'Etat, *op. cit.:*Traducido del Francés: "Il n'y a d'économie que lorsqu'il y a rareté et attrait pour cette rareté de la part du public" " Dans le cas du livre imprimé, chaque objet a son prix. Le livre objet, c'est un univers de rareté, dont l'équation économique est claire. La création de contenus est rémunérée. Le support physique permet cette rémunération.... La numérisation de la monnaie

permet le paiement dans un univers numérique. Il convient donc de mettre en oeuvre des solutions techniques, créatrices de rareté."

[24] Gordon GRAHAM, *As I was saying, Essays on the international book business*, UK, Hans Zell Publishers, 1994, p. 190: "El libro no esta fundamentalmente en peligro. El continuara floreciendo y debería mejorarse con la ayuda de los aparatos electrónicos, no sólo en términos de producción sino también de distribución. Una totalmente nueva industria editorial electrónica crecerá junto con las publicaciones impresas, creando nuevos mercados."

[25] J. O'DONNELL James, *op.cit.*, p. 90.

[26] LUCAS André, *Droit d'auteur et numérique*, Paris, Litec, 1998, p. 100, citado en DE BROGLIE reporte, p. 38.

[27] KELSEN Hans, *Introduction to the problems of legal theory, A translation of the First Edition of the Reine Rechtslehre or Pure Theory of Law*, traducido por Bonnie LITSCHEVESKI PAULSON y Stanley L. PAULSON, Oxford, Clarendon Press, 1992

[28] MANCINI Anna, *Justicia e Internet, op. cit.*

[29] En este punto ver: *Où vont les autoroutes de l'information*, under the direction Marc GUILLAUME, Commissariat Général du Plan, Commission Européenne, Paris, Descartes & Cie, 1997, p. 117-118.

[30] En este punto ver: Francis LORENTZ, *La nouvelle donne du commerce électronique: réalisations 1998 et perspectives: rapport de la mission Commerce électronique*, France, Ministère de l'économie, des finances et de l'industrie, Paris, Éditions de Bercy, Études ISSN 1245-2246, 1999, I.2.7.

http://www.telecom.gouv.fr/francais/activ/techno/techndoc/technodoc.htm

[31] Bill GATES, *Business @ the speed of Thought*, London, Penguin Books, 1999, p. 2. Traducido del Inglés: “Information flow is your lifeblood”.

[32] Ver: Michael LEGAT, *An author's guide to publishing*, London, Robert Hale, 3rd edition, 1998, p. 41-42.

[33] Andrew B. WHINSTON, Dale O. STAHL, Soon-Yong CHOI, *The Economics of Electronic Commerce,* Macmillan Technical Publishing, Indianapolis, Indiana, 1997, p. 176.

[34] Geoffrey BROWN, *The Information Game, Ethical Issues in a Microchip, World*, NJ and London, Humanities Press International, 1990, p. 115. Traducido del Inglés: “Many of the difficulties encountered in talking about rights over information spring from the concepts of property and ownership...”

[35] ROSE Mark, “The author as proprietor: Donaldson V. Becket and the Genealogy of Modern Authorship”, *Of Authors and Origins, Essays on Copyright Law*, Brad SHERMAN and Alain STROWEL, Oxford, Clarendon Press, 1994, p. 23-55. Traducido del Inglés: “Many jurists have been aware of the awkwardness of treating literary texts as private property. Nevertheless, the institution of the literary property is so deeply rooted in our society that many jurists and even some legal historians regard it as a transcendent moral idea that has been available in all times and places.“

[36] Andrew B. WHINSTON, Dale O. STAHL, Soon-Yong CHOI, *The Economics of Electronic Commerce*, Indiana, Indianapolis, Macmillan

Technical Publishing, *op. cit.*, p. 179. Traducido del Inglés: "It is important to recognize that, economically speaking, intellectual properties are not properties -as tangible commodities- despite the misleading term, and intellectual property laws do not protect the said property, but the interests of the owners derived from the use of that property- although this interest may very well be termed as "property" in the legal sense."

[37] Geoffrey BROWN, *The Information Game, Ethical Issues in a Microchip World*, NJ and London, Humanities Press International, 1990, p.115.Traducido del Inglés: "It ought to be obvious that there is something odd about the use of the concept of ownership in this context. Information considering simply as such is by no means the kind of thing that can be owned, though as we shall see it can sometimes be bought and sold."

[38] *Internet Law and Regulation*, Edited by Graham JH Smith, Bird & Bird, London, Second edition, Published by FT Law & Tax, 1997, p. 13. "Las leyes de propiedad intelectual gobiernan la sustancia y el alcance de los derechos de propiedad de los frutos intangible de la creatividad y trabajo humano: escritura, drama, música y arte... Unos derechos de propiedad bien definidos ayudaran a transformar esos frutos en dinero, otro intangible. La digitalización permite reducir a bits de información tanto al fruto en bruto como a sus productos monetarios, almacenados electrónicamente, y enrutados en las redes digitales." Traducido del Inglés: "Intellectual property laws govern the substance and scope of property rights in the

intangible fruits of human creativity and labour : writing, drama, music and art.... Appropriately defined property rights help to transform those fruits into money, another intangible. Digitalisation enables both the raw fruits and their monetary products to be reduced to bits of information stored electronically and routed around networks." *Cf.* también: Christopher MILLARD, *Computer law*, Third Edition, Edited by Chris Reed, Blackstone Press limited,1996, "...la información es normalmente muy valiosa y en general, la mayoría de las cosas que tienen un valor en el mercado, son tratadas por la ley como objetos de propiedad." *Ver:* Código Francés de la propiedad intelectual (Code de la propriété intellectuelle), artículo L.111-1: "El autor de un trabajo mental, tiene sobre ese trabajo, tan pronto este es creado, un derecho de propiedad incorporal exclusivo y opuesto a todos." (Traducido del Francés: "L'auteur d'une oeuvre de l'esprit jouit sur cette oeuvre, du seul fait de sa création, d'un droit de propriété incorporelle exclusif et opposable à tous."). El código también dice (artículo L. 111-3):"La propiedad incorporal definida en el artículo L. 111-1 es independiente de la propiedad del objeto físico." (Traducido del Francés)

[39] Acerca de la historia de las leyes de derechos de autor desde la antigüedad hasta nuestros días, ver: Marie-Claude DOCK, "Genèse et évolution de la notion de propriété littéraire", p. 127-206, Brad SHERMAN and Alain STROWEL, *Of Authors and Origins, Essays on Copyright Law*, Oxford, Clarendon Press, 1994; *Histoire internationale du droit d'auteur des origines à nos jours*, Paris, Revue Internationale du Droit d'Auteur, Enero de 1974;

Eugène POUILLET, *Traité théorique et pratique de la propriété littéraire et artistique et du droit de représentation*, 3ème édition, Paris, Marchal et Billard, 1908, p. 1-22; Henri FALK, *Les privilèges de librairie sous l'ancien régime*, Paris, Thèse, 1906; Didier PHILIPPON, *Des anciens privilèges de librairie*, Paris, 1955.

[40] Estudios detallados de estas doctrinas en: Pierre RECHT, *Le droit d'auteur, une nouvelle forme de propriété*, Paris, LGDJ, 1969.

[41] Pierre RECHT, *Le droit d'auteur, une nouvelle forme de propriété*, Paris, LGDJ, 1969, p. 93. Ver también: Paul Edward GELLER, "Conflicts of law in cyberspace: International copyright in a digitally networked world", in *The future of copyright in a digital environment*, editor P. Bernt HUGENHOLTZ, Proceedings of the Royal Academy Colloquium, Amsterdam, 6-7 July 1995, The Hague, London, Boston, KLUWER LAW INTERNATIONAL, 1996, p. 27-48, p. 42.

[42] Eugène POUILLET, *Traité théorique et pratique de la propriété littéraire et artistique et du droit de représentation*, 3rd edition, Paris, Marchal et Billard, 1908, p. 26.

[43] Sobre la historia del derecho de autor en Inglaterra, *Cf.* Mark ROSE, « The author as proprietor: Donaldson v. Becket and the Genealogy of Modern Authorship", p. 23-55, in *Of Authors and Origins, Essays on Copyright Law*, Brad SHERMAN and Alain STROWEL, Clarendon Press, Oxford. *Cf.* André Françon, *La propriété littéraire et artistique en Grande-Bretagne et aux Etats-Unis*, Paris, 1955, Marie-Claude DOCK, "Genèse et évolution de la notion de propriété littéraire", *Histoire internationale*

du droit d'auteur des origines à nos jours, Paris, Revue Internationale du Droit d'Auteur, 1974, p. 127-206.

[44] Ver también Marie CORNU, "Droit de la culture et mondialisation de l'économie", *La mondialisation du droit*, under the direction of Eric LOQUIN and Catherine KESSEDJIAN, Travaux du Centre de Recherche sur le droit des marchés et des investissements internationaux, Libro 19, LITEC, 2000, p. 551-596, p. 576.

[45] Citado en Mark ROSE, p 29, *cf.* Richard D. ALTICK, *The English Common Reader* (Chicago, 1957), Anotación p. 30-36, en el desarrollo del mercado del libro.

[46] En 1710, en Inglaterra, en el estatuo de Anne, *cf.* Roger CHARTIER, "Figures of the Author", p. 7-22, in: *Of Authors and Origins, Essays on Copyright Law*, Brad SHERMAN and Alain STROWEL, Clarendon Press, Oxford, 1994, p. 13; André FRANçON, *La Propriété littéraire et artistique en Grande-Bretagne et aux Etats-Unis*, Paris, 1955, p. 9; from 1761, in France, *cf.* Claude COLOMBET, *op. cit.,* p. 4.

[47] Los libreros también eran los editores, constituyendo en su tiempo la cadena completa del libro. *Ver acerca de este asunto*: Marie-Claude DOCK, "Genèse et évolution de la notion de propriété littéraire", p. 127-206, in *Histoire internationale du droit d'auteur des origines à nos jours*, Paris, Revue Internationale du Droit d'Auteur, Enero de 1974, p. 159, nota 50; *cf.* Pierre-Yves GAUTIER, *Propriété littéraire et artistique*, Paris, PUF,1991, p. 18.

[48] Loi et Actes du Gouvernement, Libro 1, Paris, Imprimerie Royale, 1834, p. 1-5.

[49] Sobre los privilegios antes de la Revolución francesa *cf.* Pierre-Yves GAUTIER, *Propriété littéraire et artistique*, Paris, PUF, 3rd edition,1991, p. 19.

[50] *Cf.* para el uso de este concepto de propiedad en los EUA: Valerio DE SANCTIS, "Le développement et la consécration internationale du droit d'auteur", *Histoire internationale du droit d'auteur des origines à nos jours*, Paris, Revue Internationale du Droit d'Auteur, Enero de 1974, p. 207-291, p. 209. Leyes de derechos de autor activas durante la Revolución se pueden encontrar en: Eugène POUILLET, *op. cit.,* 879 y 880 para las leyes del 13 y 19 Enero de 1791, (La ley publicada en esta fuente es la que fue modificada ligeramente por la ley del 11 Marzo de 1902). El texto de la ley del 19 de Enero de 1793 puede encontrarse en*: Lois et actes du gouvernement,* Paris, Imprimerie Royale, 1834, Libro VII, p. 203.

[51] Sobre el nexo entre el surgimiento del concepto de propiedad y la intención de mantener los privilegios, ver: Roger CHARTIER, "Figures of the Author", *Of Authors and Origins, Essays on Copyright Law*, Brad SHERMAN and Alain STROWEL, Clarendon Press, Oxford, 1994, p. 7-22, p. 12.

[52] *Cf.* el Código Francés de Propiedad Intelectual (Code de la propriété intellectuelle), dice (articulo L; 111-1 del primer capitulo dedicado a la naturaleza de los derechos del autor): "El autor de un trabajo mental, tiene sobre ese trabajo, tan pronto este es creado, un derecho de propiedad incorporal exclusivo y opuesto a todos." (Traducido del

Frances: “L’auteur d’une oeuvre de l’esprit jouit sur cette oeuvre, du seul fait de sa création, d’un droit de propriété incorporelle exclusif et opposable à tous.”). El código también dice (article L. 111-3) :”La propiedad incorporal definida en el artículo L. 11-1 es independiente de la propiedad del objeto físico.” t.” (traducido del Francés : “La propriété incorporelle définie par l’article L. 111-1 est indépendante de la propriété de l’objet matériel”.)

[53] Pierre BOURDIEU, Ce que parler veut dire, l’économie des échanges linguistiques, Paris, Fayard, 1982, p. 20, traducido del Francès: “...le droit le plus rigoureusement rationalisé n’est jamais qu’un acte de magie sociale qui réussit.”

[54] Pierre-Yves GAUTIER, *op. cit.,* p. 22, Claude COLOMBET, *op. cit.,* p. 10.

[55] Acerca de los privilegios, *cf.* Pierre-Yves GAUTIER, *Propriété littéraire et artistique*, Paris, PUF, 3ème édition,1991.

[56] Mark ROSE,“The author as proprietor: Donaldson v. Becket and the Genealogy of Modern Authorship”, *Of Authors and Origins, Essays on Copyright Law,* Brad SHERMAN and Alain STROWEL, Clarendon Press, Oxford, 1994, p. 23-55, p. 39.

[57] Ver, Ancient Roman Solutions, *op. Cit.*

[58] Emmanuel KANT, *op. cit.,* p. 169, p. 170. Ver también: Marie CORNU, “Droit de la culture et mondialisation de l’économie”, *La mondialisation du droit, op. cit.*, p. 551-596, p. 576: Ella nota el fuerte aspecto personal de la cultura y sus leyes.

[59] *Cf.* Marie CORNU, “Droit de la culture et mondialisation de l’économie”, *op. cit.:* p. 551-596, p. 569.

[60] Mark STEFIK, *The Internet Edge, Social, Legal and Technological Challenges for a Networked World*, Cambridge, Mass, MIT press, 1999, p. 80.

[61] LESSIG Lawrence, *Code and Other Laws of Cyberspace*, Basic Books, 2000.

[62] *Cf.* Ley del 19 Julio de 1793, en*: Lois et actes du gouvernement*, Paris, Imprimerie Royale, 1834, libro VII, p. 203.

[63] La tendencia de la ley en Francia y Bélgica es entorno a una mayor aceptación de esta teoría, en Francia, basados en el artículo 1382 del código civil. Esta tendencia se está propagando a muchas creaciones intelectuales protegidas o no por el sistema existente de privilegios legales (es decir, derechos del autor, leyes de patentes).

Ver principalmente a SAINT-GALL (Yves), "Concurrence déloyale et concurrence parasitaire (ou agissements parasitaires)", Revue Internationale de la Propriété Industrielle et Artistique, n° 25-26, 1956; LE TOURNEAU (Philippe), Traité de la Responsabilité civile, éd. Dalloz 1982; DESJEUX (Xavier) "Le droit de la responsabilité civile comme limite au principe de la liberté du commerce et de l'industrie (à propos de la sanction de la copie)", SJ CDE, n° 22, 30 May 1985, II 14490. Ver también, "The liability in French and Belgian laws of search tools in the Internet", International Journal of Law and Information Technology 1999 7(3):238-255; doi:10.1093/ijlit/7.3.238

[64] Sobre el parasitismo en los trabajos intelectuales en la ley francesa, ver: "Le parasitisme dans la jurisprudence (française) au titre de l'usurpation des 'investissements intellectuels' d'un tiers, Michel VIVANT, *Les créations immatérielles et le droit*,

Paris, Ellipses, 1997, pp. 20-21. Sobre el concepto de *fair use*, *cf.* Paul Edward GELLER, "Conflicts of law in cyberspace: International copyright in a digitally networked world", *op. cit.*, p. 43.

[65] Esto también debería ser cierto para todos los tipos de libros.

[66] El reporte presentado por el Concejo de Estado Francés (Conseil d'Etat français), subraya la importancia para el Estado Francés de cobrar el VAT, el cual llega al 18.6% de los ingresos del Estado. (En Francés: "Les enjeux sont considérables pour les Etats membres de l'Union européenne sur lesquels pèse un réel risque budgétaire -la TVA représente en effet 18,6% de leurs recettes fiscales-, même si les risques ne sont pas immédiats, compte tenu notamment du volume modéré actuellement du commerce électronique.", Conseil d'Etat, France, *op. cit., 2 juillet 1998*, Paris, La Documentation française, 1998, p. 73.

[67] *Cf.* sobre la dificultad de establecer el cobro automático del VAT en el Internet: Conseil d'Etat, France, *Internet et les réseaux numériques, étude adoptée par l'Assemblée générale du Conseil d'Etat le 2 juillet 1998*, Paris, La Documentation française, 1998, p. 74.

[68] Cuando un libro electrónico es muy barato, ya no existe interés del publico en piratearlo, pedirlo prestado a un amigo, copiarlo o fotocopiarlo o de leerlo en una biblioteca pública.

BIBLIOGRAFÍA

BROWN Geoffrey, *The Information Game, Ethical Issues in a Microchip, World*, NJ and London, Humanities Press International, 1990

CHARTIER Roger, "Figures of the Author", in *Of Authors and Origins, Essays on Copyright Law*, Brad SHERMAN and Alain STROWEL, Clarendon Press, Oxford, 1994, p. 7-22,

FISCHER, Steven Roger, *A History of Reading*, London UK, Reaktion Books, 2003

GOLSTEIN Paul, *Copyright's Highway: From Gutenberg to the Celestial Jukebox,* Stanford Law School; 2003

GRAHAM Gordon, *As I was saying, Essays on the international book business*, UK, Hans Zell Publishers, 1994

GUIBAULT Lucie M.C.R., *Copyright Limitations and Contracts: An Analysis of the Contractual Overridability of Limitations on Copyright*, Kluwer Law International, 2002

HUGENHOLTZ P. Bernt editor, *The future of copyright in a digital environment*, Proceedings of the Royal Academy Colloquium, Amsterdam, 6-7 July 1995, The

Hague, London, Boston, KLUWER LAW INTERNATIONAL, 1996.

KOEPSELL David R., *The Ontology of Cyberspace: Philosophy, Law, and the Future of Intellectual Property*,, Open Court Publishing Company, 2003

LESSIG Lawrence, *Code and Other Laws of Cyberspace*, Basic Books, 2000

LESSIG Lawrence, *Free Culture, How Big Media Uses Technology and the Law to Lock Down Culture and Control Creativity*, Penguin Press HC, 2004

LITMAN Jessica, *Digital Copyright: Protecting Intellectual Property on the Internet*, Prometheus Books, 2000

O'DONNELL James J., *Avatars of the word, From Papyrus to Cyberspace*, Cambridge, Mass., Harvard University Press, 1998.

ROSE Mark, "The author as proprietor: Donaldson v. Becket and the Genealogy of Modern Authorship", *Of Authors and Origins, Essays on Copyright Law*, Brad SHERMAN and Alain STROWEL, Oxford, Clarendon Press, 1994, p. 23-55

ROSE Mark, *Authors and Owners : The Invention of Copyright*, Harvard University Press; 1995

SANCHIS MARTINEZ Maria Trinidad, *Derechos de Autor, Digitalizacion e Internet*, Editorial Universitas SA, Madrid, 2004

SHERMAN Brad and STROWEL Alain, *Of Authors and Origins, Essays on Copyright Law*, Oxford, Clarendon Press, 1994

STEFIK Mark, *The Internet Edge, Social, Legal and Technological Challenges for a Networked World*, MIT, 1999

VAIDHYANATHAN Siva, *Copyrights and Copywrongs: The Rise of Intellectual Property and How It Threatens Creativity*, New York University Press, 2003

VAIDHYANATHAN Siva, *The Anarchist in the Library: How the Clash Between Freedom and Control is Hacking the Real World and Crashing the System*, Basic Books, 2004

Acerca de la autora:

Anna MANCINI obtuvo su doctorado de filosofía del derecho en la Universidad de Paris (Assas). Trabaja como consultora freelance. Con anterioridad, ha enseñado en el ámbito universitario, en Francia.

Buenos Books America recomienda, de esta misma autora

Justicia E Internet,
Una filosofía del derecho para el mundo virtual

Nuestro derecho y su filosofía fueron concebidos para un mundo económico material signado por el reparto de la escasez y por la división en territorios. El enfoque positivo del derecho no se puede concebir sin el criterio territorial. Por ejemplo, siendo el criterio territorial su piedra angular, basta quitarle el concepto de territorio para que se derrumbe la *Teoría pura del derecho* de KELSEN. Así es fácil entender que el mundo virtual de Internet marcado por la abundancia en vez de las limitaciones, sin territorios y sin materialidad, no se pueda regular eficazmente con nuestros principios jurídicos y filosóficos usuales. En Internet, aún el concepto de la justicia de Aristóteles, que distribuye a cada persona lo suyo y que reparte los bienes materiales, no sirve de nada. Sin embargo, sólo esta concepción de la justicia-reparto prevalece en nuestro mundo moderno. Incluso John RAWLS ha basado su Teoría de la justicia sobre este fundamento. A pesar de que en el ámbito jurídico, sólo tenemos este concepto de justicia y sus variantes, el mismo no se puede aplicar eficazmente al mundo virtual. Este libro propone una filosofía de la justicia y principios de acción jurídica adecuados para acompañar eficazmente el desarrollo de Internet y del mundo de la información.

ISBN: 1932848002
www.buenosbooks.us

Made in United States
Troutdale, OR
11/03/2026

56844362R00075